PROCESSO CIVIL CONTEMPORÂNEO

Elementos, ideologia e perspectivas

Sérgio Gilberto Porto

PROCESSO CIVIL CONTEMPORÂNEO

Elementos, ideologia e perspectivas

2ª edição
Revista, atualizada e
ampliada

2020

EDITORA
JusPODIVM
www.editorajuspodivm.com.br

EDITORA
*Jus*PODIVM
www.editorajuspodivm.com.br

Rua Território Rio Branco, 87 – Pituba – CEP: 41830-530 – Salvador – Bahia
Tel: (71) 3045.9051
• Contato: https://www.editorajuspodivm.com.br/sac

Capa: Ana Caquetti

P839p Porto, Sérgio Gilberto.

Processo civil contemporâneo: Elementos, ideologia e perspectivas. – 2. ed. rev. atual., e ampl. – Salvador: Editora JusPodivm, 2020.

192 p.

Bibliografia.

ISBN 978-85-442-3058-9.

1. Direito Processual Civil. 2. Processo Civil Contemporâneo. I. Porto, Sérgio Gilberto. II. Título.

CDD 341.46

Estamos diante de um novo sistema processual. Não porque há um novo Código ou existam novas regras, mas porque vicejaram novas ideias.

O Autor

O estudo nos permite a alegria de descobrir.

O Autor

"No basta la ciencia sin la historia, ni viceversa."

"Lo primero que deve hacer quien estudie Derecho Procesal es, por un lado, ir a ver un proceso, y por otro, tener el Código de procedimiento sobre la mesa."

(Carnelutti, Introducción, in *Sistema*)

Dedico à talentosa e produtiva geração de jovens
processualistas brasileiros que aí está e
que aprendi a admirar.

Apresentação

A vigência de um novo Código de Processo Civil enseja, naturalmente, novas reflexões. Muitas originais, em razão de inovações; outras, embora existentes na ordem jurídica anterior, ressurgem adequadas à realidade contemporânea. Quer numa, quer noutra das hipóteses, por nos deparamos com uma nova ordem processual, antes de simplesmente aplicá-la, é necessário compreendê-la.

Nessa linha, o presente estudo observa que a nova ordem processual é mais que um simples conjunto de regras, vez que, em realidade, contempla um novo sistema que traz embutido em si, expressa ou implicitamente, propostas que passam pela formação de uma estrutura com opções conscientes, verdadeiras escolhas de valores e propósitos.

O trabalho destaca que é necessário identificar e compreender as bases do sistema para, somente após, adquirir condições de aplicar as normas processuais alinhadas com seus vetores ideológicos. Assim, apresentar e esclarecer os matizes de inspiração da nova ordem processual, para efeitos de compreensão do sistema, é uma das propostas do presente estudo.

Desse modo, o trabalho esclarece que o atual CPC fez suas escolhas com o fito de outorgar maior efetividade à ordem jurídica, porém não sem antes definir seus compromissos. Nessa linha, através de conteúdo ideológico inovador, impõe um verdadeiro realinhamento dos fins da atividade processual. Essa realidade, pois, aponta que se exige dos operadores recompreensão da função cultural do processo, o qual passou, formalmente, a priorizar a realização de valores constitucionais e, com isso, fez nascer um novo viés da instrumentalidade – a qual, ao lado do praxismo e do processualismo, representa uma nova fase da própria instrumentalidade, em face da mais valia constitucional instituída como propósito controlador à realização do direito através da jurisdição, vez que esta é, em face dos fundamentos do sistema, intensamente comprometida com o Estado Constitucional Democrático.

Não bastasse, como passo cultural relevante da nova ordem, formalizar a sinergia necessária e indeclinável entre Constituição e Processo, destaca também o trabalho que o novo sistema: (a) privilegia a conciliação como modo preferencial de composição dos conflitos; (b) busca oferecer maior segurança jurídica aos litigantes e, para tanto, faz valer posições consolidadas, através da introdução da ideia de precedentes vinculantes; (c) amplia a área de eficiência da jurisdição, por meios de coletivização de demandas e decisões; (d) limita a atividade recursal através de supressão de recursos e redução do espaço de atuação do Agravo de Instrumento; (e) afasta a possibilidade de motivação das decisões de modo genérico e abstrato e, por decorrência, exige do juízo a personalização de fundamentação; (f) introduz a ideia de cooperação do juízo para com os litigantes e, igualmente, desses para com o juízo; (g) incrementa a tutela provisória, na busca de jurisdição útil, dentre outras propostas expressas e implícitas. O estudo, pois, demonstra e esclarece o conjunto de ideias que presidem o novo sistema processual e, como isso, auxilia na compreensão e aplicação da ordem processual.

De outro lado, sinaliza, em face de alguma incompreensão em torno do grau de intensidade do compromisso constitucional da jurisdição com a solução do mérito da causa, as mazelas decorrentes da fácil aceitação de uma hiperprocedimentalização (*rectius* desprocessualização) e a conduta daí resultante da prestação de uma "jurisdição meramente procedimental", descomprometida com a solução real da lide e mais preocupada com a extinção de processos – realidade, em parte, estampada especialmente pelo prestígio que gozam os chamados enunciados administrativos e regimentos dos Tribunais. O Estudo indica, pois, os perigos atuais e futuros da mecanização da atividade jurisdicional que, por certo, migrará para uma "jurisdição algorítmica", desumanizada e afeita a robôs, vez que mais preocupada com a extinção de passivos jurisdicionais do que com a solução justa de conflitos.

Apresentação à segunda edição

A estimulante aceitação pela comunidade jurídica da primeira edição do presente trabalho, que esgotou em menos de um semestre, impõe a disponibilização de uma nova edição. Nesta, alguns ajustes foram feitos e novas questões introduzidas para reflexão e debate, tais como o conjunto de circunstâncias que brotarão a partir da formação de precedentes e a presença cada vez mais intensa de algoritmos a serviço da jurisdição.

A soma dessas circunstâncias, por certo, impactará, ainda mais, na automação jurisdicional que, se por um lado, produz resposta uniforme e célere, de outro, importa no afastamento da atmosfera das circunstâncias que geraram o conflito posto à apreciação judicial.

Essa realidade, somada a forte influência racionalista que desde muito responde presente na inspiração do processo de conhecimento, através da busca da certeza, também acarreta tenha o processo judicial comportamento de ciência exata e, por decorrência, pessoas passem a ser números e estatísticas, traindo a proposta constitucional da prestação de uma jurisdição justa e personalizada.

Assim, seguem aqui essas e outras questões para reflexão do *staff* jurídico, mormente nesse momento histórico em que a chamada quarta revolução, que representa verdadeira disrupção decorrente do impacto da alta tecnologia e inteligência artificial na sociedade, e, particularmente, no direito processual civil.

Obras do Autor

- Cidadania Processual. Porto Alegre: Livraria do Advogado, 2016.
- Coisa Julgada Civil. 4º ed., São Paulo: RT, 2011.
- Doutrina e Prática dos Alimentos, 4º ed. São Paulo: RT, 2011.
- Ação Rescisória Atípica. São Paulo: RT, 2009.
- Comentários ao CPC, Vol. VI. São Paulo: RT, 2000.
- Lições Sobre Teorias do Processo – civil e constitucional (em coautoria com Guilherme Athayde Porto). Porto Alegre: Livraria do Advogado, 2013
- Manual dos Recursos Cíveis, 6º ed. (em coautoria com Daniel Ustárroz). Porto Alegre: Livraria do Advogado, 2017.
- Lições de Direitos Fundamentais no Processo Civil – O Conteúdo Processual da Constituição Federal (em coautoria com Daniel Ustárroz). Porto Alegre: Livraria do Advogado, 2009.
- Instrumentos de Coerção e outros temas de direito processual (org. em coautoria com José Maria Rosa

Tesheiner e Mariângela Guerreiro Milhoranza). Rio de Janeiro: Forense, 2007.

– Constituição, Jurisdição e Processo (org. em coautoria com Carlos Alberto Molinaro e Mariângela Guerreiro Milhoranza). Porto Alegre, Notadez, 2007.

– Garantias do Cidadão no Processo Civil (org.). Porto Alegre: Livraria do Advogado, 2003.

– Tendências Constitucionais do Direito de Família (org. em coautoria com Daniel Ustárroz). Porto Alegre: Livraria do Advogado, 2003.

– Sobre o Ministério Público no Processo não-criminal, 2º ed. Rio de Janeiro: Aide, 1998.

Sumário

1. ANTECEDENTES LÓGICOS À COMPREENSÃO DO SISTEMA PROCESSUAL CONTEMPORÂNEO

1.1. FASES HISTÓRICO-CULTURAIS DO PROCESSO COMO PRESSUPOSTOS DE COMPREENSÃO DO SISTEMA

Os desdobramentos evolutivos do processo civil marcam claramente a existência de fases metodológicas distintas no desenvolvimento de sua função cultural. Diante dessa realidade, o exame de cada qual dessas permitirá uma perfeita compreensão dos propósitos e avanços da ciência processual, na medida em que a perspectiva histórica propicia, exatamente, uma visão ajustada do fenômeno evolutivo.

Nessa perspectiva, identificar as fases e compreendê-las, importa em fortalecer as bases teóricas para melhor entendimento da proposta processual abrigada pela ordem jurídica brasileira, daí a razão pela qual justificável que qualquer estudo que vise a esclarecer temas do processo civil tenha seu início marcado pela identificação e esclarecimento de cada qual das fases vivenciadas.

1.1.1. Praxismo

Nessa fase, o processo era basicamente compreendido como um mero procedimento, sem maiores compromissos teleológicos ou científicos. Era, portanto, absolutamente procedimentalista no sentido de que se preocupava exclusivamente com a ordem da sucessão dos atos praticados no processo, não dispondo de qualquer outro compromisso senão disciplinar a ordem do desdobramento dos atos processuais.

Nesse período, para os juristas de então, o processo e o direito material não se diferenciavam, pois aquele era compreendido como mera faceta deste, daí a ideia de sincretismo, pois condensava em um único segmento direito material e processo, confundindo os planos substancial e processual do direito.

O processo nada mais era do que um exercício do direito material, ou seja, a ação consistia no próprio direito entrando em guerra para buscar eficiência na regulação da vida em sociedade.

Seria, por conseguinte, o próprio direito visto de um ângulo diverso, o qual aparecia, somente face à resistência oposta à sua satisfação.

Nessa fase histórica, portanto, o processo era visto como mero desdobramento do direito material, sendo, pois, por isso, simples procedimento embutido na realização do direito que compunha.

Ao processo, como consequência dessa compreensão, caberia apenas a disciplina dos ritos. Era este visto como apêndice do próprio direito material ou, como preferem alguns, apenas outra face do próprio direito material reagindo à eventual ameaça ou violação.

O praxismo, pois, é sinônimo de sincretismo e consagra a fase meramente procedimentalista do processo, onde este, como destacado, não possuía teleologicamente outra função que não fosse disciplinar o rito dos debates judiciais.

É marco eloquente e representativo desse momento os debates vivenciados por BERNHARD WINDSCHEID E THEODOR MUTHER, em obra traduzida para o espanhol e intitulada *A Polêmica sobre la Actio*[1], onde as ideias da unicidade de direito processual e material foram inicialmente expostas por WINDSCHEID[2] e muito contribuíram para a formação das posições que identificavam a ciência processual apenas como uma das facetas do próprio direito material, somente evidenciada diante da necessidade de reação. Esta posição, entretanto, foi energicamente discutida por MUTHER quando este colocou em foco a necessidade de uma releitura desta concepção tradicional e sinalizava para a autonomia processual, daí a razão da chamada polêmica, pois, de um lado, WINDSHEID sustentando o direito processual embutido no direito subjetivo material e, de outro, MUTHER[3] apontando sua autonomia. Posteriormente, o próprio WINDSHEID, ainda que com alguma resistência, termina por admitir que, efetivamente, o processo e o direito subjetivo material não se constituíam em uma única espécie.

Essa fase, embora não tenha sido formalmente encerrada, veio de ser sucedida pela efervescência das ideias do chamado

1. Tradução de Tomás A. Banzhaf, EJEA, Buenos Aires, 1974.
2. La "Actio" del derecho civil romano, desde el punto de vista del derecho actual, § 1°. Idem.
3. Sobre La doctrina de La "actio" romana Del derecho de accionar actual, de La "litiscontestatio" y de La sucesión singular de lãs obligaciones, § 15°. Ibidem.

processualismo, no qual o processo é compreendido sob ângulo diverso e afirma sua autonomia, como se verá a seguir.

1.1.2. Processualismo

Após a fase praxista segue a fase da afirmação da autonomia processual. Essa fase histórica é representada pelo ideal de afirmar a autonomia do direito processual frente ao direito material. A doutrina costuma atribuir o mérito da sistematização das ideias da autonomia processual a OSKAR VON BÜLOW em sua obra intitulada *Teoria das Exceções e dos Pressupostos Processuais* (1868)[4], a qual destacou elementos e argumentos fundamentais para aceitação dessa compreensão em torno do direito processual.

Nessa fase se procurou demonstrar que o processo era uma relação jurídica diversa do direito material e que se forma entre o Estado e as partes. Autônoma, pois, em relação ao direito subjetivo material, na medida em que este se configura de modo linear entre as partes e diretamente entre si, ao passo que àquela, como dito, entre as partes e o Estado. A ação não se dirige contra o adversário e o objeto desta não seria o bem litigioso, mas a prestação jurisdicional devida pelo Estado ao cidadão.

Aqui, entretanto, *maxima venia,* identifica-se a gênese de pontuais exageros decorrentes da afirmação da autonomia do direito processual, levando, inclusive, a ciência do processo a um afastamento do direito material a ponto de parecer justificar sua existência completamente independente, propiciando,

---

4. La Teoría de las Excepciones Procesales y los Presupuestos Procesales, tradução de Miguel Angel Rosas Lichtschein, Buenos Aires: EJEA, 1964.

inclusive, à afirmação de seu caráter abstrato, o que representa o mais elevado grau da proclamação da autonomia processual.

Ilustres processualistas assumiram esta linha de orientação científica, como, p.ex., ADOLF WACH, na Alemanha, bem assim GUISEPPE CHIOVENDA e FRANCESCO CARNELUTTI, na Itália, dentre outros.

Nesse momento histórico, o processo se divorcia definitivamente do direito material, afirmando-se como ciência, com autonomia e método próprio. Entretanto, face a seu desapego completo ao direito material e superlativa aceitação da autonomia, incorreu no equívoco de maximizar a ideia da existência de demanda sem direito, através do exemplo da ação improcedente o que, por óbvio, não tem hierarquia suficiente para isolar o processo do direito material, pois mesmo nesta hipótese há, no mínimo, a afirmação da existência do direito material. Assim, ainda que contribuição importante sob o ponto de vista didático, na sua concepção extremada é inaceitável, pois imaginar a "ação" sem direito é como tentar imaginar o infinito. Esforço, nesse momento, em vão!

1.1.3. Instrumentalidade

Superadas as fases do praxismo e processualismo, surge a ideia de instrumentalidade[5], onde o processo, ainda que ciência autônoma, é compreendido como instrumento de realização do direito material. Portanto, ciência com função diversa do direito material, mas com ele relacionado através da jurisdição exatamente para concretizá-lo.

5. Sobre a instrumentalidade consultar, por todos, Cândido Rangel Dinamarco, *A instrumentalidade do processo*. São Paulo: RT, 1987.

O processo, por conseguinte, vale não pelo que é, mas pelos resultados que é capaz de produzir. E o resultado que é capaz de produzir é o direito concreto do caso posto a exame, com a resolução de eventual conflito ou com a validação de certa disciplina, pondo fim a incertezas jurídicas na sociedade. Evidencia-se sua preocupação social como instrumento de resolução de conflitos e incertezas, vez que a serviço do direito material, cabendo à jurisdição realizar a vontade concreta do direito.

O processo busca (1) a paz social, (2) evidenciar a natural necessidade de afirmação da soberania do Estado, como forma de manter a sociedade estável e organizada e (3) definir situações jurídicas, tendo, portanto, triplo escopo: social, político e jurídico.

Há, na instrumentalidade, clara interface entre processo e direito material. Este formativo, aquele realizativo quando ocorrer resistência do obrigado ou quando se fizer obrigatória à intervenção do Estado para validação do direito, ou seja, o processo é a forma pela qual se dá, através da jurisdição, eficácia ao direito.

Cabe à jurisdição efetivar a vontade concreta do direito. Assim, onde há conflito, o faz via jurisdição contenciosa, onde não há, via jurisdição voluntária.

1.1.4. Instrumentalidade constitucional

Há, em curso, o florescer de uma nova fase metodológica do processo, onde são atribuídos ao processo propósitos constitucionais. Parcela da doutrina denomina esta nova compreensão como formalismo-valorativo[6] ou neoprocessualismo[7], dependendo de qual a referência científica que se busque suporte.

Segundo tais orientações, a natureza e propósito do processo aparecem centrados no ideal de justiça através do domínio de valores constitucionais e esta compreensão do direito processual não vê o processo como mero instrumento de realização do direito material, mas identifica este – antes – como método de realizar justiça material sob regência constitucional.

E para que este ideal seja alcançado, é necessário se leve em conta, na construção da justiça material através do processo, os valores da justiça, igualdade, participação, efetividade e segurança. Sendo, assim, o processo é compreendido como método de realização da justiça material através da supremacia de valores com assento constitucional.

Com efeito, ainda que agora se identifique prioritariamente escopos constitucionais na aplicação da jurisdição através do processo, a verdade é que já antes deste momento a própria hermenêutica assim se posicionava e, por decorrência, em verdade, nunca pode o processo buscar a realização de valores se não exatamente àqueles consagrados e propostos pela ordem jurídica constitucional e material.

Assim, não é o processo que estabelece a mais-valia constitucional, mas a ordem jurídica como um todo passou a ser compreendida a partir do movimento de constitucionalização

---

6. Sobre o formalismo-valorativo consultar, com largo proveito, face às relevantes ideias expostas, Daniel Mitidiero, *A colaboração no processo civil*. São Paulo: RT, 2009.

7. Eduardo Cambi, *Neoconstitucionalismo e Neoprocessualismo: direitos fundamentais, políticas públicas e protagonismo judiciário*. São Paulo: Revista dos Tribunais, 2009.

do direito no Estado Democrático. Eis, pois, a razão pela qual acreditamos que, em verdade, o processo civil continua a ser instrumento de realização do direito material, mas agora deve ser compreendido com a releitura recomendada pelo novo momento. Deixa de ser meramente a busca da vontade concreta do direito, por que agora é formal e preferencialmente a busca da realização dos valores constitucionais presentes na ordem jurídica, daí o fundamento através do qual imaginamos reclamar essa realidade coeva uma recompreensão da instrumentalidade. Estamos, assim, frente ao instrumentalismo com escopo constitucional, portanto uma verdadeira instrumentalidade constitucional.

Cumpre registrar que hoje é ainda mais clara essa posição, pois o CPC, em seu artigo 1º, fixa as balizas constitucionais a serem respeitadas pela ordem jurídica processual. Adota, pois, com toda a clareza, a mais valia dos valores constitucionais a presidir a realização da jurisdição. Assim, presente com intensidade a ideia de instrumentalidade constitucional.

1.2. REFLEXOS DO CONTEÚDO HISTÓRICO-CULTURAL NO SISTEMA CONTEMPORÂNEO.

O estudo sobre as fases metodológicas do processo, sem dúvida, auxilia no entendimento do fenômeno da regulação processual e mais precisamente na compreensão de sua finalidade, como instrumento de realização do direito subjetivo e objetivo.[8]

---

8. Dentre tantos, compreendendo que a finalidade do processo civil é a realização do direito objetivo e também subjetivo OVÍDIO BAPTISTA DA SILVA, in *Curso de Processo Civil,* São Paulo: RT, 2000, vol. 1.

Porém, não pode e não deve ser compreendido como se na evolução do processo as fases vivenciadas fossem incomunicáveis, pois quer o chamado praxismo, quer o processualismo, quer ainda a instrumentalidade e, mais recentemente, o que definimos como *instrumentalidade constitucional,* também chamada de formalismo valorativo[9] ou neoprocessualismo[10], qualquer destas, claramente insculpiu sua presença na ordem processual e está hoje presente no processo contemporâneo, pois, em verdade, este é produto de todas as fases já experimentadas[11]. Ou seja, o conteúdo do CPC é múltiplo, na medida em que reflete todas as fases culturais já vivenciadas. Não bastasse isso, também possui duplo conteúdo no que diz respeito a natureza jurídica das normas. Realmente são elas meramente procedimentais ou processuais-substanciais. As primeiras definem ritos, as segundas, de sua parte, outorgam direitos pensados para o processo, pelo processo e decorrentes do processo e para serem exercidos no processo judicial. Com

---

9. Sobre o tema consultar CARLOS ALBERTO ALVARO DE OLIVEIRA. In *Do Formalismo no Processo Civil – Proposta de um Formalismo-Valorativo,* 4ª Ed. São Paulo: Saraiva, 2010. Ainda, com largo proveito, DANIEL MITIDIERO, in *Colaboração no Processo Civil.* São Paulo: RT, 2009, p. 105 e ss. Utilizando expressamente a expressão, na indicação de uma quarta fase metodológica do direito processual civil, também GUILHERME RIZZO AMARAL, In *Cumprimento e Execução da Sentença sob a* Ótica *do Formalismo-Valorativo.* Porto Alegre: Livraria do Advogado, 2008; DAISSON FLACH, In *A verossimilhança no processo civil e sua aplicação prática.* São Paulo: RT, 2009 e Artur Carpes, in Ônus *dinâmico da prova.* Porto Alegre: Livraria do Advogado, 2010.

10. Sobre o tema, consultar com largo proveito, FREDIE DIDIER JR., in *Curso de Direito Processual Civil, v. 1.* p. 26 e ss.12ª Ed. Salvador: JusPodivm, 2010, com ampla resenha bibliográfica.

11. Sobre as fases metodológicas do processo civil, v. MARCO FÉLIX JOBIM in *Cultura, Escolas e Fases Metodológicas do Processo.* Porto Alegre: Livraria do Advogado, 2011.

efeito, como é de amplo domínio, o processo não se confunde com o procedimento, porém este integra aquele e o faz como consequência do praxismo, fase onde se imaginava o processo como mero *iter* regulatório de atos processuais[12]. Já a fase da absoluta autonomia processual, como já demonstrado no item anterior, encontra sua origem nas reflexões de OSKAR VON BÜLOW. Realmente, este fez vicejar a teoria abstrata do direito de ação e ainda que procedente para efeitos de identificação da autonomia do direito processual em relação ao direito material pecou, aqui ou ali, em razão de algumas incompreensões, como passar (para alguns) a impressão da total desvinculação do processo ao direito material.

Não há, na verdade, como imaginar o direito processual sem vínculos – ao menos em tese – com o direito material[13], isto porque, este é instrumento, seja de realização do direito material, seja da efetivação de valores constitucionais. Como também não há como imaginar o processo sem procedimento.

A ideia de que é possível existir demanda sem que exista efetivamente o direito material afirmado é verdadeira, porém mais serve como retórica para identificação da autonomia de conceitos exclusivamente processuais e desvinculados do plano material do que como resultado, pois mesmo quando improcedente a demanda (circunstância que atesta a correção do argumento, pois se rejeitada a pretensão – ao menos em tese – é por que efetivamente não havia o direito material afirmado), ainda assim o desenvolvimento desta se deu a par-

12. Cuja presença ainda hoje é intensa através das disposições meramente procedimentais.

13. Em sentido similar LUIZ GUILHERME MARINONI, in *Técnica Processual e Tutela dos Direitos*. São Paulo: RT, 2004, p. 28 e ss.

tir da sustentação da existência de algum direito de natureza material violado ou ameaçado.

Tentar imaginar uma demanda sem ao menos a afirmação da existência de direito material é como tentar compreender o infinito. Não há, *maxima venia*, ao menos no momento, como!

Daí o exagero da autonomia absoluta não poder ser aceito na razoabilidade da operação, ainda que sirva como argumento retórico para afirmação da independência científica e formação de conceitos exclusivamente processuais.

Postas estas ponderações, possível afirmar que no processo contemporâneo estão presentes: (i) o praxismo, através dos procedimentos; (ii) a teoria abstrata pelas vias dos conceitos processuais autônomos e (iii) a instrumentalidade como forma judicial de realização do direito material e valores constitucionais. Conjunto que é fundamento para a boa técnica do debate judicial e, por decorrência, essenciais à compreensão do método para dar efetividade à prestação jurisdicional. Há, pois, presença e diálogo entre as fases de formação histórico-cultural do processo civil contemporâneo.

2. A OPÇÃO POR UM NOVO SISTEMA

Inicialmente, cumpre registrar que não se substituem códigos como quem troca um par de sapatos, na medida em que sistemas legislativos, como foi o Código de Processo Civil de 1973, projetam seus efeitos para bem além de sua vigência formal e, como consequência, ainda influenciam decisões pós-vigência, haja vista que, além das questões de direito intertemporal, subsistem fortes matizes culturais que foram naturalmente introjetados na sociedade ao longo de mais de 40 anos de vigência e, por decorrência, responderão presente no comportamento processual ainda por largo período.

Esse quadro, pois, demonstra que a circunstância de viger um novo Código, não importa, automaticamente, no esquecimento do anterior, pois o valioso cabedal acumulado é e sempre será referencial cujo uso se revela indispensável para o operador jurídico, máxime, como no caso, quando acumulado ao longo de mais de quatro décadas.

Assim, com a vênia de JULIUS HERMANN VON KIRCHMAN[14], que resistia em considerar o direito um seg-

14. Il valore scientifico della giurisprudenza. Milão, Giuffre, 1964.

mento de ciência, a verdade é que a codificação de 1973, a doutrina e a jurisprudência, consequentemente, continuarão a prestar inestimáveis serviços à comunidade jurídica, vez que não serão totalmente derrubadas pela simples edição da lei nova. As bibliotecas não sucumbem frente a simples penadas legislativas como imaginava KIRCHMAN, mas, em verdade, subsistem, por outros tantos anos, a prestar valiosas lições na realização da melhor justiça.

De outro lado, vale registrar que a tentativa anterior de reformar o sistema processual a conta-gotas, ou seja, através de reformas pontuais e edição de leis específicas para enfrentar os pontos de estrangulamento da prestação jurisdicional não se revelou uma política eficiente, vez que quebrou a harmonia do sistema e, por decorrência, permitiu que o Código de 1973 abandonasse parcela de seus compromissos, transformando-o numa verdadeira colcha de retalhos não muito bem ajustados. Algumas iniciativas, entretanto, foram produtivas e incorporadas ao novo sistema.

Essa realidade nos levou à desafiadora tarefa de criar um novo código e, por decorrência, um novo sistema de ideias. Ou seja, temos um novo sistema não por que temos um novo código ou novas regras, mas por que temos novas ideias legisladas, tais como a clara função constitucional do novo processo civil que importa na *redefinição do papel tradicional da Justiça Pública*[15].

Na senda da busca de um novo sistema, inicialmente através da nomeação pela Presidência do Senado Federal de

15. Afirmação feita, com propriedade, por ARAKEN DE ASSIS. In *Processo civil Brasileiro*. São Paulo: RT, 2015, v. I, p. 277.

uma comissão de juristas[16] presidida pelo hoje Ministro do Supremo Tribunal Federal LUIZ FUX foi apresentado um anteprojeto, o qual no curso do devido processo legislativo transformou-se, após inserções e supressões naturais à espécie, no chamado novo CPC.

É preciso, contudo, advertir que um novo CPC, por si só, não será capaz de resolver modo definitivo os graves problemas presentes na operação do Direito, na medida em que não é a forma de processamento das demandas judiciais a única causa que contribui decisivamente para a demora na solução dos litígios judiciais e, muitas vezes, na absoluta ausência de efetividade. Existem outras causas concorrentes de natureza conjuntural, humanas e, quiçá, aqui ou ali, de conveniência ideológica.

Efetivamente, a modelagem judiciária brasileira, está visto, não é capaz de oferecer solução definitiva à morosidade, face, por exemplo, a multiplicidade de graus de jurisdição oferecidos à sociedade e decorrentes da ideia de Federação com uniformidade de pensamento jurídico, ainda que existam acentuadas diferenças culturais nas regiões do Brasil.

Os homens que compõem as estruturas judiciárias, de sua parte, não alcançam a mesma produtividade, daí uma das razões pelas quais em alguns setores o serviço público é eficiente e em outros, com situação assemelhada, é ineficiente.

16. A comissão originária de juristas, além do presidente referido no texto, teve como membros Teresa Arruda Alvim Wambier (relatora), Adroaldo Furtado Fabrício, Benedito Cerezzo Pereira Filho, Bruno Dantas, Elpídio Donizetti Nunes, Humberto Theodoro Júnior, Jansen Fialho de Almeida, Miguel Garcia Medina, José Roberto dos Santos Bedaque, Marcus Vinicius Furtado Coelho e Paulo Cesar Pinheiro Carneiro.

Isto decorre simplesmente das idiossincrasias inerentes ao ser humano. E isto é uma realidade fora de controle!

Como se vê, existem particularidades concorrentes à morosidade que são estranhas ao processo e que, por decorrência, permanecerão presentes, muito embora o novo sistema.

Desse modo, não há como imaginar que a simples introdução de um novo Código de Processo Civil seja capaz de resolver todos os problemas.

Na realidade, a tentativa de melhorar o desempenho temporal da solução dos conflitos judiciais se constitui apenas em um segmento das dificuldades. Existem outros que também devem ser enfrentados, portanto não parece ser adequado criar a expectativa de que estamos diante de uma solução única e definitiva, isto porque, na verdade, estamos enfrentando apenas e tão somente uma das dificuldades atuais e é assim que deve ser compreendida a iniciativa de instituir um novo Código de Processo Civil. É, apenas, uma das várias contribuições que são necessárias à melhora do desempenho do setor judiciário.

Pragmaticamente, contudo, estamos diante a uma nova estrutura processual que reclama reeducação no manejo do processo. Com efeito, o novo código divide-se em duas grandes partes: parte geral e parte especial. Aquela se subdivide em seis livros e esta em três e há, ainda, um livro complementar dedicado às disposições finais e transitórias.

Nessa linha, cumpre observar que na parte geral, o Livro I estampa as normais fundamentais e regula a aplicação das normas processuais. O Livro II disciplina a função jurisdicional. O Livro III, de sua parte, dedica-se aos sujeitos do processo. O Livro IV aos atos processuais. Já o Livro V a chamada tutela provisória e o Livro VI dispõe sobre a formação, suspensão e extinção do processo.

A parte especial contempla no Livro I o Processo de Conhecimento e Cumprimento de Sentença. O Livro II trata do Processo de Execução, o Livro III dos meios de impugnação das decisões judiciais e, finalmente, o Livro Complementar que, como dito, trata de arremates finais da novel ordem jurídica processual, tais, p. ex., a aplicação imediata do novo sistema (arts. 14 e 1.046), com sua entrada em vigor.

Assim, impõe-se aos operadores também o domínio imediato do novo sistema. Nessa linha, o primeiro passo, para efeitos de domínio e compreensão desse atual sistema, perpassa por uma visão panorâmica da estrutura da nova realidade processual.

Nesse diapasão, percebe-se a clara preocupação do Livro I com a inserção de ideias fundamentais condutoras da compreensão e aplicação do processo civil nessa quadra da história, tais, p. ex., a constitucionalização dos propósitos do processo civil coetâneo (art. 1º), dentre outras variantes.

O Livro II, de sua parte, preocupa-se em jungir jurisdição e ação que, afinal, formam o cerne da ciência processual civil, pois tudo o mais, decorre da convivência do dever jurisdicional com o modo como deve o cidadão convocar o Estado a agir para efeitos de fazer valer direito ameaçado, violado ou a ser ratificado e, igualmente, o método de que se vale o Poder Judiciário para, uma vez provocado, exercer sua atividade natural.

Já o Livro III, discorre sobre os sujeitos do processo. São aqueles que, direta ou indiretamente, se envolvem na relação jurídica processual. Partes, seus procuradores, Juiz, auxiliares do juízo, Ministério Público, Advocacia e Defensoria Pública.

Disciplina, por igual, a cumulação subjetiva nas demandas, pela via do litisconsórcio e trata, também, da participação de terceiros no processo, através de modalidades diversas.

A partir da premissa que certos requisitos devem ser atendidos para participar de relação jurídica processual, aos efeitos de, direta ou indiretamente, integrar eventual demanda, o Livro III dita a disciplina de participação, impondo as condições que necessariamente devem ser atendidas e os limites da participação de cada qual dos figurantes da relação jurídica processual.

O Livro IV cuida dos atos processuais. Como sabido, estes independem de forma determinada. Vigora, pois, como regra, o princípio da liberdade das formas, estampado no artigo 188, do CPC, salvo quando a lei de modo diverso especificamente exigir forma e conteúdo determinado, como, p. ex., na citação por edital (art. 257, CPC). Versa também sobre eventuais invalidades dos atos quando desatendidas exigências legais e define os prazos para a prática dos atos.

O Livro V, de sua parte, sistematiza a chamada tutela provisória e permite ao juízo lidar com a ausência de plena certeza. Divide-se em tutela de urgência e tutela da evidência. Esta tem lastro na verossimilhança, aquela na premência. Cria, pois, sistematicamente, um mundo processual distinto da clássica certeza que sempre habitou a alma do julgador, em face da expressiva influência da ordinariedade no seio do processo civil. Entretanto, em sede de decisão provisória, regulada pelo Livro V, é permitindo que os critérios necessidade de resposta jurisdicional imediata e evidência do direito afirmado, ideologicamente, presidam os atos do juízo e, com isto, por certo, afastam amarras que, no mais das vezes da tradicional processualística, abalavam a utilidade da prestação jurisdicional futura e definitiva.

O Livro VI dispõe, como destacado, sobre a formação, suspensão e extinção do processo. A formação, embora tenha início quando deduzida pretensão, torna-se definitiva com a citação válida, a qual faz nascer a angularização processual, *conditio sine qua non* para o nascimento de relação jurídica processual[17]. A suspensão representa a solução de continuidade que vem sofrer o *iter* procedimental do processo, em razão das hipóteses previstas no artigo 313, do CPC e que, grosso modo, em face de certas peculiaridades, torna possível que o processo deixe, por algum tempo, de prosseguir na sua marcha natural. E a extinção decorre de sentença, consoante explicita o artigo 316, do CPC, a qual poderá ser terminativa (art. 485) ou definitiva (art. 487). Esta com exame de mérito e aquela sem exame de mérito.

A parte especial, como retro apontado, é dividida em III livros. O Livro I dedicado ao chamado processo de conhecimento e ao cumprimento de sentença, o Livro II ao Processo de Execução e o Livro III trata dos processos nos tribunais e meios de impugnação de decisões jurisdicionais. O Processo de Conhecimento tem por escopo esclarecer e definir a quem pertence o direito, seja através de rito ordinário ou procedimento especial. O Cumprimento de Sentença e o Processo de Execução buscam realizar o direito. O livro III, basicamente, em atenção à garantia constitucional-processual do duplo grau de jurisdição, disciplina o tema recursal, dentre outros próprios de medidas e demandas originárias. A proposta recursal contempla regime fechado, com hipóteses expressamente previstas no artigo 994, do CPC.

---

17. Há doutrina que sustenta que a relação processual forma-se entre o Estado e o autor, independentemente da presença do réu. Nessa perspectiva a relação jurídica processual seria linear e não angular.

Finalmente, o Livro Complementar, que tem por objeto adequar a nova realidade processual aos feitos pendentes[18] e a legislação preexistente. Nessa linha, estabelece que o novo CPC, como regra, aplica-se de imediato, revoga o CPC de 1973, ressalvado algumas hipóteses, revoga também uma série de dispositivos de leis e decretos e adapta um conjunto de remissões à legislação extravagante. Em essência, promove a inserção do novo sistema processual na ordem jurídica pré-existente.

Como se vê, após a identificação objetiva do conteúdo dos diversos livros que compõem o novo Código de Processo Civil, há uma estrutura lógica, um verdadeiro relacionamento de coerência entre os Livros que integram o novo código. Portanto, há um sistema, uma verdadeira relação interna de interdependência no conteúdo do Código de Processo Civil. Realmente, na parte geral, há espaço para as normas fundamentais e sua aplicabilidade, logo após são tratados aos assuntos centrais do processo representadas pela jurisdição e ação, seguidos da disciplina dos sujeitos do processo, posteriormente dos atos e da chamada tutela provisória.

Na parte especial, estamos frente ao Processo de Conhecimento que visa definir o direito controvertido e dar cumprimento à sentença que tem por propósito realizar o direito jurisdicionalmente reconhecido. Segue-se o Processo de Execução que também trata da realização do direito, porém com modelos específicos. Posteriormente, a disciplina

18. Sobre o tema GALENO LACERDA já se ocupara ao tempo da entrada em vigor do Código de Processo Civil de 1973, em monografia intitulada *O novo Direito Processual civil e os feitos pendentes*. Esta veio de ser reeditada no ano de 2006, em edição histórica, pela Editora Forense.

procedimental perante os tribunais, em face da possibilidade recursal e iniciativas originárias, por final, a inserção da nova disciplina na ordem jurídica pré-existente.

Portanto, como se vê, na precisa linha que ensinou NORBERTO BOBBIO[19], há um relacionamento de coerência entre as disposições processuais e, portanto, há um sistema.

19. In *Teoria do Ordenamento Jurídico*. Tradução Maria Celeste Cordeiro Leite dos Santos. Brasília: UNB, 6º ed., 1995, p. 71.

3. A FUNÇÃO CONSTITUCIONAL DO PROCESSO CIVIL CONTEMPORÂNEO

3.1. (Endo)processualização de direitos fundamentais

Uma das marcantes facetas ideológicas do novo sistema processual é a busca do prestígio do Estado Constitucional Democrático. Seu maior compromisso é, portanto, com a mais valia constitucional. Tanto é assim que sintomaticamente o artigo 1º do CPC, imbrica expressamente Constituição e Processo. Alude, com clareza invulgar, que o processo será ordenado, disciplinado e interpretado conforme os valores estabelecidos pela Constituição Federal. Integra, pois, o CPC ao movimento de constitucionalização do direito. Portanto, formaliza o comportamento doutrinário de constitucionalizar o processo civil em absoluta sintonia com o conteúdo processual da Constituição Federal[20], como também, inclusive, destacado

20. Tema anteriormente já exposto, com variações, por SÉRGIO GILBERTO PORTO juntamente com DANIEL USTÁRROZ, in *Lições de Direitos Funda-*

em outras publicações[21]. Tem, pois, o novo sistema processual função constitucional expressa e prioritária.

Nessa linha, preocupou-se em assegurar que ninguém compareça em juízo desamparado. Ratificou, ainda que não necessitasse, o propósito de desenvolver um processo democrático e atento à proposta processual da Constituição Federal. O cidadão, portanto, comparece em juízo sempre protegido por um conjunto de valores de índole constitucional e também de garantais de natureza constitucional-processual, ou seja, de direitos fundamentais inerentes à existência de relação jurídica processual.

Quer isto dizer que há um direito pensado e criado para ser exercido no curso do processo judicial e em razão do processo judicial. Agora, também, sistemicamente infraconstitucionalizado pelo CPC. Portanto, há uma verdadeira endoprocessualização de direitos fundamentais.

Assim, ao cidadão que litiga, com ou sem razão sob o ponto de vista do direito objetivo, deve ser assegurada a plenitude do exercício de tais prerrogativas, vez que são da essência do Estado Constitucional Democrático.

Há, portanto, garantias próprias da cidadania processual e deste *status* desfruta a parte em juízo, vez que também essa condição integra a compreensão de Estado Constitucional Democrático. Assim, foi definido pela Constituição Federal e não pode em nenhuma hipótese essa condição ser ignorada. Cabe aos integrantes da relação jurídica processual antes de

---

mentais no Processo Civil (O conteúdo processual da Constituição Federal). Porto Alegre: Livraria do Advogado Editora, 2009.

21. P. ex., SÉRGIO GILBERTO PORTO, In *Cidadania Processual: processo constitucional e o novo processo civil.* Porto alegre: Livraria do Advogado, 2016.

tudo, no curso do processo judicial, fazer valer a plenitude dessa conquista democrática da sociedade contemporânea.

Desse modo, possível afirmar que existe uma compreensão – própria e dirigida – do Estado Constitucional Democrática para o plano processual e se desrespeitada resta o processo atingido pela mácula insuperável do arbítrio.

É tão intenso esse compromisso do conteúdo democrático do processo judicial que o CPC, como referido, inseriu em seu artigo primeiro essa clara mensagem de que o processo civil coevo será interpretado conforme os valores e normas fundamentais integrantes da Constituição da República. Desse modo, como já dito, expressa – repetitivamente – certos vetores constitucionais, tais o de assegurar, *v. g.*, a duração razoável do processo (art. 4º), a plenitude do sagrado direito ao contraditório (art. 7º), dentre outras hipóteses.

Assim, pertinente esclarecer o alcance da proposta da nova ordem processual, pois não haverá processo válido e eficaz se não respeitados tais valores e normas que antes de processuais são fundamentais e que, em *ultima ratio*, representam a plenitude daquilo que a Constituição da República chama de *devido processo legal* e que *máxima vênia* melhor seria se tivesse definido como *devido processo constitucional*, haja vista que, como dito e vale redizer, só há processo judicial válido e eficaz se respeitado o Estado Constitucional Democrático, representado no processo judicial pela plenitude do exercício de garantias inerentes a cidadania processual.

É, pois, da essência do processo judicial contemporâneo o compromisso ideológico da mais valia constitucional.

Nessa medida, oportuno que se esclareça, ainda que de modo concentrado, o que representa, na dimensão processual, a mais eloquente das garantais oferecidas, ou seja, o *devido processo legal* sob o espectro ideológico de sua concepção.

3.2. O chamado devido processo legal (5°, LIV, CF)

Como destacado com clareza pela doutrina[22], a ideia brasileira de devido processo legal decorre da cláusula do *due process of law* que – acalentada pelo direito norte americano e existente como derivação da expressão *law of the land* desde a Idade Média, pela via da Carta Magna, conquista dos Barões Feudais saxônicos, junto ao Rei JOÃO "SEM TERRA", no Século XII –, se caracterizou como garantia maiúscula das liberdades fundamentais do indivíduo[23].

A importação, embora saudável em seu conteúdo material, incide, *maxima venia,* em equívoco de denominação, face à tradução adotada pelo legislador constituinte brasileiro e, nessa medida, tem gerado alguma perplexidade de compreensão à comunidade jurídica.

Efetivamente, não se deve perder de vista que a importação tem origem no direito anglo-saxão e, por decorrência, instituto originalmente integrante da família jurídica do sistema *common law*, onde a principal fonte do direito é o *stare decisis* (precedente judicial) e não a lei. Assim, no momento em que foi importada uma ideia e usada tradução restrita na sua designação, esta circunstância gera deformação na correta

22. Veja-se, por exemplo, o proveitoso estudo de SIQUEIRA CASTRO, Carlos Roberto de. *O devido processo legal e a razoabilidade das leis na nova Constituição do Brasil.* Rio de Janeiro: Forense, 1989.

23. Assim também destacado em nosso (em coautoria com Daniel Ustárroz) *Lições de Direitos Fundamentais no Processo Civil. O conteúdo processual da Constituição Federal.* P. 120.

compreensão, haja vista que o sentido da expressão *law* constante da designação *due process of law* existente no *common law*, a evidência, não se identifica com o sentido do conceito da expressão legal do *civil law*, vez que lá significa mais do que a simples ideia de lei ou seja representa o direito propriamente dito na sua mais ampla compreensão e aqui *legal* representa somente aquilo que a lei disciplina[24].

Dessa forma, a boa compreensão reclama seja adequada a importação, aos efeitos de que esta venha a ser efetivamente compreendida não como o devido processo apenas disciplinado pela lei, mas, mais do que isso, represente o devido processo disposto pela ordem jurídica do Estado Constitucional Democrático.

Como a ordem jurídica nacional – embora o sistema seja positivado e a lei a principal origem do direito –, é reconhecidamente constituída por outras fontes além da lei, vez que também a jurisprudência, o costume, e outras referências compõem a ordem jurídica, não há como emprestar interpretação restritiva à expressão legal constante da cláusula do devido processo.

Assim, considerando que nossa ordem jurídica é constituída por fontes diversas, presentes com maior ou menor intensidade no sistema, embora a lei seja a fonte preferencial, a realidade é que nossa ordem é de formatação complexa. E

24. Nessa linha, oportuno destacar a precisa observação de FREDIE DIDIER JÚNIOR: *A locução "devido processo legal" corresponde* à *tradução para o português da expressão inglesa "due processo of law". Law, porém, significa Direito, e não lei ("statute law"). A observação* é *importante: o processo há de estar em conformidade com o Direito como um todo, e não apenas em consonância com a lei. "Legal", então,* é *adjetivo que remete a "Direito", e não a lei. Curso de Direito Processual Civil,* V. 1. 12º ed., p. 41.

por assim ser, no contexto desta identificam-se regras e princípios. Sendo aquelas expressas e estes além de expressos, por vezes, implícitos.

O devido processo brasileiro, portanto, é representado pelo conjunto da ordem jurídica, esteja esta disposta expressamente ou representada por primados implícitos.[25] Tanto é assim que a Constituição Federal, como sabido, é de textura aberta[26]. E por assim ser é que exatamente contempla também princípios implícitos e o conjunto (expressos e implícitos) compõe o devido processo assegurado ao cidadão.

Dessa forma, a ideia de devido processo no Brasil, vai para muito além da compreensão estrita de devido processo como aquele que se encontra expressamente disciplinado na lei. O devido processo brasileiro, tal qual seu antecedente inspirador, consagra a ideia primordial do respeito aos direitos assegurados pela Constituição Federal, daí, a nosso ver, ser mais adequado designá-lo de devido processo do Estado Constitucional Democrático (5°, LIV, CF), vez que nesse se insere o direito de qualquer origem legítima.

Nessa medida, no plano processual, não é difícil apontar para a existência de um direito constitucional-processual ou como preferem MARINONI e MITIDIERO *Direitos Fundamentais Processuais*[27], de onde partem as luzes necessárias para interpretar os princípios e regras dos sistemas processuais especializados.

---

25. HUMBERTO ÁVILA sustenta também a existência de postulados normativos. Sobre o tema, v., com proveito, *Teoria dos Princípios. Da definição à aplicação dos princípios.* 2ª Ed., São Paulo: Malheiros, 2003.
26. Art. 5º, § 2º, da Constituição Federal.
27. In *Curso de Direito Constitucional.* Ingo Wolfgang Sarlet, Luiz Guilherme Marinoni, Daniel Mitidiero. São Paulo: RT, 2012.

Nessa linha insere-se, justamente, a cláusula ampla do *devido processo* que, em realidade, contempla o conjunto das garantias de índole processual oferecidas pela Constituição Federal[28]. É, pois, garantia constitucional mor e dela todas as demais são derivadas. Há, até mesmo, qualificada manifestação doutrinária aduzindo que a Constituição Federal sequer necessitaria ter enumerado outras garantias ao expressá-la[29], ainda que a referência seja à ideia de princípio.

Com efeito, a garantia do devido processo desfruta de um largo alcance e sua compreensão vai para muito além do que possa parecer sua designação constitucional. Na realidade, portanto, a garantia do devido processo deve ser lida como garantia do cumprimento da ordem jurídica inerente ao Estado Constitucional Democrático.

Assim, o devido processo de direito, no Brasil, tem conteúdo preponderantemente constitucional e, apenas indiretamente, legal. Constitucional quando se refere ao conteúdo processual da Constituição da República, ou seja, ao indispensável respeito às garantias constitucional-processuais no processo judicial; legal quando a lei processual assegura o cumprimento das garantais constitucionais através de procedimentos judiciais previamente regulados por leis infraconstitucionais[30].

28. Em linha similar, ÁVILA, Humberto *O que é "Devido Processo Legal"?* Revista de Processo. São Paulo: Revista dos Tribunais, 2008, v 163 p. 50/59, itens 2.2.3 e 2.2.4.

29. NERY JUNIOR, Nelson. In *Princípios do Processo na Constituição Federal.* São Paulo: Revista dos Tribunais, 2013, p. 111.

30. Chamado por alguns, como destaca Humberto Ávila, de devido processo legal procedimental. in *O que é "Devido Processo Legal"?* Revista de Processo. São Paulo: Revista dos Tribunais, 2008, v 163 p. 50/59.

O desrespeito ao conteúdo do devido processo importa em violação direta a Constituição da República e o desrespeito ao procedimento importam em violação à lei, na medida em que processo e procedimento são institutos diversos e a Constituição agasalha a ideia de proteção ao processo como instrumento democrático e civilizado de realização do direito e não a de procedimento que, induvidosamente, é matéria infraconstitucional.

Assim, o devido processo judicial da ordem jurídica instituída no Estado Constitucional Democrático representa a verdadeira compreensão da cláusula do devido processo legal e, por igual, representa a asseguração do exercício de uma ampla gama de proteções oferecidas pelo Estado quando se vai ou se está em juízo, com o fito de fazer valer uma defesa efetiva ou a satisfação de direitos ameaçados ou violados.

3.3. A textura aberta do devido processo

O Brasil, embora socialmente injusto, é um Estado juridicamente civilizado. Tanto é assim que, conforme já observado, aquele que vai a juízo no sistema jurídico brasileiro não comparece desamparado, haja vista que o ordenamento constitucional e o CPC em sede infraconstitucional preveem direitos de natureza democrática de perfil endoprocessual, como retro exposto.

Nessa medida, a Constituição da República assegurou expressamente às partes determinados direitos inerentes ao debate judicial, tais como: a publicidade dos atos processuais (5°, LIII e 93, IX), a isonomia no trato das partes (5°, *caput*), a motivação das decisões judiciais (93, IX), o contraditório judicial (5°, LV e LIV), a inafastabilidade de lesão ou ameaça de direito da apreciação do Poder Judiciário e acesso à Justiça (5°, XXXV), proibição da obtenção de prova por meio ilícito (5°, LVI), a segurança decorrente da coisa julgada (5°, XXXVI) e a atuação do juiz e do promotor natural (5°, LIII).

Ao lado das garantais expressas na Constituição Federal, face sua textura aberta (art. 5º, § 2º), existem outras que, embora não arroladas literalmente, decorrem da ordem jurídica vista sob o ângulo sistêmico.

Nesta condição, podem ser identificadas, p.ex., (a) o duplo grau de jurisdição[31]; (b) a imparcialidade[32]; (c) o *ne bis in idem*[33]; (d) processo judicial[34] e (e) prova judicial[35], dentre outras.

31. Decorre da organização judiciária constitucional.

32. Decorre na natureza da atividade jurisdicional insculpida na Constituição. MAURO CAPPELLETTI inclui expressamente a imparcialidade como garantia constitucional do processo em seu consagrado ensaio intitulado *Problemas de reforma do Processo Civil nas sociedades contemporâneas.* In MARINONI, Luiz Guilherme (Organizador). O Processo Civil Contemporâneo. Curitiba: Juruá, 1994. p. 13. Muito embora, no mesmo ensaio aponte a circunstância de que o processo é movido por fatores de ordem ideológica e que são falsas as premissas que atribuem ao juiz neutralidade ou passividade (p. 27).

33. Decorre da proposta de estabilidade das relações jurídicas normadas por decisão jurisdicional, ou seja, é cláusula implícita ao princípio da segurança jurídica consagrado pela Carta Magna.

34. Decorre de outras garantias constitucionais expressas, tais como acesso à justiça e a própria garantia do devido processo legal, pois a forma legítima de resolução dos conflitos no Estado democrático de direito é exatamente o processo judicial, eis que vedada a autotutela, salvo exceções, na sociedade politicamente organizada.

35. Quando a Constituição Federal aponta que no processo não serão admitidas as provas obtidas por meio ilícito, por via indireta está a afirmar que as provas obtidas por meio lícito serão admissíveis.

Em razão de sua natureza não expressa, justifica-se um bosquejo sobre seus conteúdos e propósitos.

Objetivamente, o duplo grau configura o direito à revisão de decisão desfavorável por juízo hierarquicamente superior; a proporcionalidade impõe ao juízo, frente a eventual antinomia, o balanceamento de valores constitucionais ao fundamentar a decisão, rejeitando a demasia e a insuficiência na busca do fim; a imparcialidade, mais do que isonomia, representa o equilíbrio no tratamento processual: o *ne bis in idem* configura a garantia de que ninguém pode ser processado mais de uma vez sobre o mesmo fato, ou seja, ainda que certa demanda seja incapaz de atingir o estado de coisa julgada material, mesmo assim, não pode ser repetida, pois já julgada[36], portanto cumprido o dever estatal de resolver o conflito de interesses e o processo judicial, com todas suas formas e desdobramentos, representa o modo civilizado de solver os litígios e a prova judicial é o direito que as partes têm de demonstrar suas alegações.

---

36. A garantia do *ne bis in idem* não se confunde e não deve ser confundida com a ideia de coisa julgada, pois existem demandas que, embora julgadas modo definitivo, não atingem o estado de coisa julgada material. São exemplos dessas àquelas de cognição sumária quanto à profundidade, tais como as demandas cautelares que, embora julgadas definitivamente, não são aptas a gerar uma situação jurídica nova às partes, mas apenas oferecer segurança. Por igual, em sede coletiva, a Ação Popular ou a Ação Civil Pública, julgadas improcedentes por falta de provas. É propósito da ordem jurídica evitar a repetição de demandas, portanto o sistema não admite a simples reapreciação de demanda já julgada, haja vista que o Estado já cumpriu seu dever frente aquela situação de modo definitivo, ainda que a decisão, por outras circunstâncias, não atinja o estado de coisa julgada material. Vista sobre outro enfoque, a garantia assegura ao cidadão o direito de não ver repetida demanda contra si, haja vista que ninguém pode ser processado duas vezes sobre o mesmo fato. Cumpre, pois, ao Estado oferecer paz social e segurança jurídica. (No direito alemão há cláusula expressa sobre o tema em sede criminal. Art. 103, III, GG – Lei Fundamental – Constituição da República da Alemanha).

Dentre essas, a garantia do duplo grau de jurisdição talvez seja uma das mais destacadas, no dia a dia forense, pelos operadores do direito. Todavia, bem examinada, verificar-se-á que essa, embora muito invocada, efetivamente não se encontra expressamente contemplada na Constituição Federal. Por tal razão, surge a diversidade de opiniões, a ponto de eminentes juristas, até mesmo, negarem a existência da garantia como integrante do sistema constitucional.

Com efeito, pode ser afirmado que grassa alguma polêmica em torno da existência ou não da garantia do duplo grau de jurisdição[37] haja vista que essa, contrariamente a outras, como já dito, não se encontra expressamente contemplada em qualquer dos dispositivos da Carta Federal. Todavia, cumpre novamente advertir que o sistema normativo nacional é composto tanto por regras como princípios, os quais, escritos ou não, exigem obediência na maior escala possível diante das circunstâncias fáticas do caso em concreto.

Dessa forma, ainda que a Constituição da República tenha se proposto a apontar princípios de direito em seu seio, tem-se que essa enumeração seja materialmente aberta[38], nada impedindo a existência de outros não expressados, mas identificados no espírito sistêmico da ordem jurídica constitucional. Portanto, a não positivação de determinado princípio

37. Vide MARINONI, Luiz Guilherme. *Tutela Antecipatória, Julgamento Antecipado e Execução Imediata da Sentença* e LASPRO, Oreste Nestor de Souza. *Duplo Grau de Jurisdição no Direito Processual Civil.* Garantia do Tratamento Paritário das Partes. In Garantias Constitucionais do Processo Civil. coord. JOSÉ ROGÉRIO CRUZ E TUCCI. São Paulo: Revista dos Tribunais, 1999.

38. Sobre a abertura material do catálogo, consultar com proveito: SARLET, Ingo Wolfgang. *Eficácia dos Direitos Fundamentais.* Porto Alegre: Livraria do Advogado, 1998, p. 81 e ss.

pela Constituição não tem o condão de anular a existência e eficácia daqueles que fazem parte da proposta do sistema.

Com efeito, os comandos inerentes de determinada cultura jurídica jamais poderão ser integralmente vertidos para palavras, razão pela qual não será porque há, ou não, previsão expressa que uma proposta deixará ou passará a integrar o sistema normativo.

Os princípios traçam as ordens do sistema, isto é: alcançar a justiça, respeitar a dignidade da pessoa humana, salvaguardar a boa-fé, vedar o enriquecimento indevido, etc. Assim, devem ser respeitados na maior escala possível, dentro das contingências verificadas no caso em concreto.

Assim, vênia deferida de entendimento diverso, não impressiona a ausência de preceito expresso contemplando como e enquanto garantia o primado do duplo grau de jurisdição, pois esse, em verdade, se constitui em princípio integrante não apenas de nossa cultura jurídica, mas, mais do que isso, de nosso ordenamento por via reflexa, já que decorre da estruturação do sistema da organização judiciária nacional posta na Constituição Federal, a qual prevê juízos ordinários e extraordinários. Os ordinários formados pelos juízos de primeiro grau e tribunais regionais e estaduais e os extraordinários pelos tribunais superiores. Aos primeiros não se impõe qualquer condição de acesso, haja vista que se atendida a voluntariedade e os pressupostos de admissibilidade, ter-se-ão as decisões de primeiro grau revistas por outro juízo hierarquicamente superior; aos segundos, de sua parte, há limitações, exatamente por não ser assegurado, desde antes, às partes, o acesso ao juízo extraordinário, senão mediante a superação de determinadas exigências, sendo a primeiro e mais significativa aquela que ateste a presença de interesse republicano em ver a questão apreciada pelos tribunais superiores, daí, pois, a criação do filtro do juízo de admissibilidade, hoje, inclusive, plasmado junto ao Supremo Tribunal Federal sob a designação de repercussão geral.

Não deve impressionar, por igual, as circunstâncias que determinadas decisões não ensejam revisão por juízo hierarquicamente superior, tal qual a decisão que nega liminar em agravo de instrumento. Como regra, não há recurso contra tal decisão do relator do recurso. Poder-se-á argumentar que aí e em algumas outras hipóteses reside a prova da inexistência do princípio ou da garantia do duplo grau de jurisdição. Contudo, *permissa venia*, não é assim que o tema deva ser compreendido. Efetivamente, essas hipóteses apenas servem para demonstrar a ideia de que as garantias não são absolutas e que, vez por outra, em circunstâncias especiais, comportam flexibilização ou mitigação, mas jamais concluir que por tais particularidades não seja assegurado ao cidadão à possibilidade de que as decisões jurisdicionais sejam submetidas a reexame.

Nessa medida, adequado observar que leis e decisões jurisdicionais que limitam acesso ao duplo grau de jurisdição, em princípio, apontam à existência de vício de constitucionalidade e que – até mesmo – a violação de tal garantia é capaz de desafiar tanto Recurso Extraordinário (102, III, "a", CF)[39] quanto à arguição de descumprimento de preceito fundamen-

39. Muito embora o artigo 102, inciso III, da Carta Federal, em suas alíneas faça expressa referência às hipóteses de cabimento do apelo extremo, não nos parece desarrazoado encontrar na alínea "a" fundamento à pretensão recursal extraordinária, pois contrariar princípio inerente à Constituição representa muito mais que contrariar um simples dispositivo desta. Assim, se o menos enseja recurso, por evidente que o mais também deverá ensejá-lo.

tal (102, § 1°, CF), entendido o preceito fundamental como princípio constitucional.[40]

No que diz respeito às garantias da imparcialidade, *ne bis in idem,* o processo e prova judicial, embora não gerem tantos debates em torno da existência na doutrina quanto à garantia do duplo grau de jurisdição, tudo que foi dito a respeito da inexistência de comando expresso em torno desta é àquelas aplicável, vez que, como registrado e numa única frase se pode resumir, a ausência de disposição expressa não deve impressionar o melhor intérprete, mormente em sistema cuja a Constituição da República é de textura reconhecidamente aberta. Ou será que poderia se dispensar o juízo de estabelecer balanceamento de valores, no momento em que se depara com antinomias; será, igualmente, que se poderia aceitar um juiz parcial; será que é possível repetir demandas indefinidamente, ainda que não atinjam o estado de coisa julgada material, frente aos propósitos constitucionais do devido processo da ordem jurídica, chamado pela Constituição de devido processo legal e, finalmente, será, possível na sociedade politicamente organizada do Estado Constitucional Democrático, a resolução de conflitos via autotutela[41], ou seja, sem a intervenção do Estado como e enquanto terceiro imparcial e, portanto, independentemente de processo judicial?

---

40. BASTOS, Celso Ribeiro e MARTINS, Ives Gandra. *Comentários* à *Constituição do Brasil.* v. IV, t. III. São Paulo: Saraiva, 1997, p. 237. Sendo o duplo grau princípio constitucional-processual, razoável suscitar a possibilidade de que seu desrespeito é capaz, também, de ensejar arguição de descumprimento de preceito fundamental.

41. Ressalve-se aqui, com evidência, as hipóteses excepcionalmente autorizadas por lei, tais quais, p.ex., a defesa da posse e a legítima defesa da vida.

Evidentemente que é dever do juízo fazer balanceamento de valores em busca do melhor direito quando há enfrentamento entre garantias, bem assim é ônus assegurar a imparcialidade, evitar a repetição de demandas idênticas, independentemente da existência ou não de coisa julgada material, bem como a forma civilizada de solver conflitos é através do processo judicial, daí, pois, a proporcionalidade, a imparcialidade, o *ne bis in idem* e a existência de processo judicial como subprincípios da cláusula geral do devido processo do Estado Constitucional Democrático, são garantias constitucional-processuais e sua violação configura inconstitucionalidade flagrante, muito embora cláusulas não expressas em dispositivos da Constituição da República. Decorrem, em verdade, da compreensão sistêmica da ordem jurídica constitucional.

Assim, pois, ainda que implícitas, são garantias inerentes ao processo judicial democrático e que estão presentes, em maior ou menor escala, em vários ordenamentos das civilizações democráticas[42]. A obediência a tais comandos democráticos, em última análise, visa a, precipuamente, garantir um processo judicial livre do arbítrio e capaz de alcançar os fins colimados pelo Estado, através da jurisdição, daí a razão pela qual se pode afirmar que o chamado devido processo – como cláusula matriz – é de textura também aberta, pelo simples fato de a Constituição da República também contemplar sistema aberto, vez que as garantais, expressas ou implícitas, desde que inerentes ao Estado Constitucional Democrático, compõem o *devido processo*, muito embora não expressadas em dispositivos.

---

42. Nesse sentido, consultar, com proveito, *Fundamental Guarantees of the Parties in Civil Litigation*, edited by MAURO CAPPELLETTI and DENIS TALLON, Giuffre, 1973.

3.4. A necessária sinergia do Devido Processo com o CPC

O Código de Processo Civil – como já destacado – atento à constitucionalização do direito, tratou de, no Capítulo I, Título Único, Livro I, da Parte Geral, disciplinar as normas fundamentais do processo e que, em derradeira análise, representam – exatamente – a proposta constitucional para regência do debate judiciário, através do respeito absoluto ao devido processo do Estado Constitucional Democrático, chamado pela Constituição Federal de *devido processo legal.*

Nessa linha, cumpre destacar que considerando a textura material aberta da Constituição Federal na definição de garantias processuais e sendo o conteúdo do devido processo a soma das garantias – sejam estas expressas ou implícitas –, na busca da sinergia necessária para cumprimento das propostas constitucionais, o Código de Processo Civil desempenha função relevante, pois tem o dever de fazer valer todas as garantias já conhecidas e aquelas que ainda vierem a ser reconhecidas como integrantes do sistema processual da Constituição Federal. Essa afirmação leva por suporte a adequada compreensão da combinação dos artigos 5º, § 2º, da Constituição Federal e artigo 1º, do CPC que definem a abertura do sistema constitucional de garantias e a incorporação destas por este.

Com tal sinergia se está a assegurar um processo justo, através da mais valia constitucional inerente ao Estado Constitucional Democrático.

3.5. A dupla natureza jurídica do conteúdo processual da Constituição Federal e sua repercussão no CPC

A Constituição da República representa o conjunto mais expressivo de direitos constituídos pela sociedade contemporânea. Direitos estes, como se percebe de um simples exame objetivo, de diversos matizes. Dentre essas variações, como já destacado, emergem também direitos de índole nitidamente processual, circunstância que, por decorrência, naturalmente empresta conteúdo processual à Constituição Federal e fez nascer um verdadeiro direito processual fundamental[43].

A Constituição Federal, como sabido, é o ponto de partida para a interpretação do direito e argumentação jurídica, pois, hoje, mais do que uma simples Carta Política, face sua reconhecida força normativa[44], permeia toda ordem jurídica.

Com efeito, a Constituição, além de seu papel organizacional, também assegura direitos de natureza objetiva e subjetiva. Contempla, por igual, instrumentos e disciplina temas vinculados ao exercício da jurisdição.

Nessa linha, vale lembrar que são instrumentos oferecidos pela Constituição Federal: o *Habeas Corpus*, o *Habeas Data*, o Mandado de Segurança, o Mandado de Segurança Coletivo, o Mandado de Injunção, a Ação Popular e a Ação Civil Pública, dentre outros.

Já na jurisdição constitucional existem os mecanismos de controle de constitucionalidade representados pela Ação Declaratória de Inconstitucionalidade, pela Ação Declaratória de Constitucionalidade, pela Arguição de Descumprimento de Preceito Fundamental e pelo Incidente de Constitucionalidade.

43. Neste sentido, p. ex., CAMBI, Eduardo. Neoconstitucionalismo e Neoprocessualismo. In *Processo e Constituição. Estudos em Homenagem ao Professor José Carlos Barbosa Moreira*, Coordenação de FUX, Luiz. NERY JÚNIOR, Nelson e WAMBIER, Teresa Arruda Alvim. São Paulo: Editora Revista dos Tribunais, 2006.

44. Consultar, sobre o tema, com largo proveito, estudo de HESSE, Konrad. *A Força Normativa da Constituição*. Porto Alegre: Sérgio Antonio Fabris Editor, 1991, Tradução de Gilmar Ferreira Mendes.

No que toca à sede recursal, estão instituídos os recursos de natureza extraordinária, representados pelo Recurso Especial, dirigido ao STJ, e o Recurso Extraordinário, dirigido ao STF. Há também, no sistema recursal constitucional, o Recurso Ordinário.

Afora isso, a Constituição Federal também rege matéria referente à competência do STF (102, CF), do STJ (105, CF), dos Tribunais Regionais Federais (108, CF), dos Juízes Federais (109, CF), e da Justiça do Trabalho (114, CF).

Disciplina a legitimidade para propositura de ADI e ADC (103, CF), bem assim regula a atuação judicial do Ministério Público (129, CF) e da Defensoria Pública (134, CF).

Consagra, de outra banda, direitos de aplicação genérica para serem exercidos no plano jurisdicional, ao contemplar garantias de natureza constitucional-processual. Essas, de sua parte, formam um verdadeiro direito processual fundamental (principiológico), na macrocompreensão do sistema, pois representam primados constitucionais incidentes em todos os ramos processuais especializados (civil, penal, consumidor, tributário, etc.). Ou seja: são parâmetros constitucionais que presidem a ordem processual.

Não se trata, nesse último aspecto, pois, de segmento do direito processual de regras, mas do direito processual de princípios, daí a razão pela qual também ser encontrada, em doutrina, como anteriormente apontado, o tratamento de princípios do processo na Constituição da República[45].

45. Nesta linha, dentre outros, p.ex., NERY JÚNIOR, Nelson. *Princípios do Processo na Constituição Federal. 13º ed.* São Paulo: RT, 2013.

Atentos ao tema, MAURO CAPPELLETTI e DENIS TALLON, coordenaram a publicação de ilustrativa obra que demonstra como o assunto tem merecido atenção de vários países do mundo, reunindo ensaios de inúmeros juristas consagrados como FRITZ BAUR, ENRIQUE VESCOVI e tantos outros.[46]

No Brasil, igualmente, o tema tem merecido atenção da doutrina, na medida em que o conteúdo processual da Constituição Federal vem expressado por um conjunto de direitos oferecidos ao cidadão. Estes, ora aparecem configurados como direitos propriamente ditos, ora como instrumentos. Na primeira hipótese, é uma espécie de "direito material para uso exclusivamente processual" (que configura o direito constitucional-processual); na segunda, caracteriza um verdadeiro *direito-meio ou direito-instrumento*, por definir a forma de exercício de certos direitos (que caracteriza o direito processual-constitucional). Portanto, como se vê, o conteúdo processual da Constituição Federal apresenta-se com dupla natureza jurídica[47].

3.6. A infraconstitucionalização expressa de garantias constitucional-processuais pelo CPC

As garantais constitucional-processuais são da essência do novo sistema processual, como destacado no item que trata

46. *Les Garanties Fondamentales des Parties dans Le Procès Civil*. Milano: Giuffrè, 1973.

47. A posição apresentada neste tópico já foi por nós sustentada, com variações, juntamente com Daniel Ustarroz, em *Lições de Direitos Fundamentais no Processo Civil*, Livraria do Advogado, POA, 2009. Esta é, entretanto, uma evolução daquela.

da endoprocessualização de direitos fundamentais. Contudo, a constitucionalização coeva do processo civil é de tamanha envergadura que o legislador, não satisfeito com a dicção do artigo 1º, tratou de, em grau superlativo, destacar expressamente algumas garantias, promovendo verdadeira infraconstitucionalização expressa dessas. Daí, por evidente, advém reflexos operacionais relevantes.

Desse modo, recomendável assinalar que embora apenas algumas garantias tenham sido expressamente referidas no Capítulo das normas fundamentais do novo Código de Processo Civil, é possível concluir que a inserção dessas no CPC ocorreu de modo sistemático. Portanto, tenham ou não sido expressamente enunciadas compõem a atual ordem jurídica processual.

Essa compreensão trouxe por via reflexa no tema recursal relevante mudança, pois caberá – em tese – contra eventual decisão que desconsidere garantia infraconstitucionalizada expressamente, além do natural Recurso Extraordinário, também Recurso Especial, vez que agora manteria além de constitucional também expressamente legal.

Desse modo, pertinente seja procedido o exame do teor das garantias constitucionais expressamente infraconstitucionalizadas, vez que, embora a infraconstitucionalização havida, seu conteúdo é ditado pela compreensão constitucional dessas.

3.6.1. Inafastabilidade da apreciação do Poder Judiciário de lesão ou ameaça de direito

Como é de amplo domínio da comunidade jurídica, a Constituição Federal, em seu art. 5º, inciso XXXV, contempla a chamada garantia da inafastabilidade do controle jurisdicional, também definida como direito fundamental de ação[48]. Igualmente, embora não necessitasse, o artigo 3º, do CPC contempla disciplina infraconstitucional idêntica.

A dicção constitucional estabelece que *a lei não excluirá da apreciação do Poder Judiciário lesão ou ameaça de direito.* Esse comando constitucional define, em suma, que todos têm direito a proteção jurisdicional.

Posta a questão nesses termos, emerge, com clareza invulgar, que a Constituição franqueou, sem restrições, o direito de demandar, quando ocorrer lesão ou ameaça a direito, pois é exatamente através do direito de ação que o cidadão exige do Estado à prestação jurisdicional. Quer isto dizer que, para a satisfação de interesses individuais, coletivos ou difusos, está o Poder Judiciário franqueado ao exame das mais diversas questões, uma vez respeitadas as naturais exigências do procedimento adequado.

Isso, contudo, não representa dizer que o Estado possa e deva interferir no domínio de todos e quaisquer fatos da vida social. Tal como observa, com propriedade, JOSÉ MARIA ROSA TESHEINER ao afirmar que *em seus extremos limites, a omni-competência do Poder Judiciário se torna,* às *vezes, deletéria; outras vezes, apenas ridícula.*[49] Há, pois, por exceção, situações em que o Poder Judiciário não deve intervir, em face de certas particularidades que tornam absolutamente impróprio o controle estatal.

48. Nessa linha MARINONI, Luiz Guilherme. Comentário ao artigo 5°, inciso XXXV. In: CANOTILHO, J.J. Gomes; MENDES, Gilmar F; SARLET, Ingo W; STRECK, Lenio L. (Coords.) *Comentários à Constituição do Brasil.* São Paulo: Saraiva/Almedina, 2013. p. 357/367.

49. *Elementos para uma teoria geral do processo,* São Paulo: Saraiva, 1993, p. 34.

Essa garantia, embora eventuais exceções, representa o direito indeclinável de controverter em juízo sempre que presente, ainda que *in status assertionis,* lesão ou ameaça de direito. Aqui ou ali, contudo, tem sofrido relativização imposta pela própria ordem jurídica infraconstitucional.

Efetivamente, são exemplos dessas mitigações o juízo arbitral e o arquivamento de inquérito policial por decisão da chefia do Ministério Público.

Essas e outras intervenções restritivas a proposta de controle jurisdicional do conflito – algumas, inclusive, já debatidas perante a Corte Suprema[50] – devem sempre ensejar reflexões se são ou não integralmente passíveis de aceitação em nosso sistema hierarquizado e em que medida, pois objetivamente conflitam com a garantia da inafastabilidade, vez que, modo pragmático, dessa ou daquela maneira, afastam da apreciação do Poder Judiciário certas situações e a aceitação representa que o sistema suporta incoerências, como pressuposto à efetiva operação da ordem jurídica.

Assim, podem ser compreendidos, além das hipóteses antes citadas, como restrições ao direito fundamental de resolução do conflito material, os pressupostos processuais, as condições do direito de ação, a imposição de custas processuais, esgotamento da via administrativa, dentre outras variações.

Dessa garantia decorre também a ideia de acesso à justiça e nesta se encontra uma das graves preocupações do mundo ocidental naquilo que diz respeito à efetividade do processo judicial, ou seja, assegurar o acesso à prestação jurisdicional

---

50. Tais como o reconhecimento da inconstitucionalidade de custas excessivas. RTJ 112/34.

como proposta básica de uma sociedade democrática, vez que longe de dúvida, não se pode sequer imaginar a hipótese de distribuição de justiça se não franqueada a todos indistintamente.

Efetivamente, é da essência da cidadania a garantia de que a todos será assegurada a mais ampla possibilidade de submeter à apreciação do Poder Judiciário eventual lesão ou ameaça a direito.

Todavia, a partir da ideia de que as garantias constitucionais não são absolutas, passamos a admitir circunstâncias em que nitidamente a garantia é ameaçada – se não desconhecida – por leis infraconstitucionais, sob o argumento de que se trata de uma legitima intervenção restritiva.

Contudo, com o fito de bem compreender o real alcance da garantia examinada, vale lembrar as lições do saudoso MAURO CAPPELLETTI, em seus clássicos estudos em torno do tema do acesso[51]. Diz o mestre peninsular que existem providências de facilitação que devem ser adotadas pelas sociedades democráticas, as definindo como verdadeiras ondas (movimentos) necessárias ao desenvolvimento social. Assim, a primeira onda externa a ideia de ampliação da assistência judiciária, a segunda destaca a tutela dos chamados interesses coletivos e a terceira aponta a necessidade da revisão procedimental, com providências de racionalização na solução de conflitos (incentivo à conciliação, juízo arbitral e outras possibilidades de facilitação de acesso).

51. P. exemplo, dentre tantas outras manifestações e estudos publicados, in *Acesso à Justiça*, Conferência proferida no Plenário da Assembleia Legislativa do RGS em 26 de novembro de 1984. Separata da Revista do Ministério Público do RGS, v. 18, 1985.

Cumpre, ainda, lembrar que desde as lições de CAPPELLETTI que datam dos setenta, muito já se progrediu, vez que, p. ex., a Defensoria Pública foi instituída e encontra-se a prestar serviços relevantes aos chamados necessitados; há, por igual, assistência jurídica prometida constitucionalmente àqueles que comprovarem a insuficiência de recursos (5°, LXXIV), a tutela dos interesses difusos foi significativamente incrementada, em face à edição de leis e ações do Ministério Público, o novo CPC impõe a mediação e conciliação como forma preferencial de solução dos conflitos, dentre outras hipóteses de facilitação do acesso à justiça judicial.

3.6.2. Fundamentação das decisões jurisdicionais

O art. 93, IX, da Constituição Federal contempla a exigência de que todas as decisões emanadas do Poder Judiciário, administrativas ou jurisdicionais, deverão ser fundamentadas, pena de nulidade, vez que tem o cidadão o direito de conhecer as razões que moveram o juízo a decidir neste ou naquele sentido.

Portanto, a fundamentação *mais do que uma exigência própria do Estado Democrático de Direito,* é *um direito fundamental do cidadão.*[52] É, por conseguinte, requisito de legitimidade democrática da decisão jurisdicional.

Como se vê, não há espaço para discutir sequer a possibilidade de ausência de fundamentação nas decisões jurisdicionais,

52. Precisa a observação de MENDES, Gilmar Ferreira e STRECK. Lenio Luis. Comentário ao art. 93, IX. In: CANOTILHO, J.J. Gomes; MENDES, Gilmar F; SARLET, Ingo W; STRECK, Lenio L. (Coords.) *Comentários* à *Constituição do Brasil.* São Paulo: Saraiva/Almedina, 2013. p. 1324.

sejam estas de mérito, ou não, vale dizer, quer a decisão seja terminativa, definitiva ou incidental, deve, necessariamente, ser fundamentada, sob pena de nulidade constitucionalmente cominada.

Esse mandamento deriva, sem sombra de qualquer dúvida, da circunstância de que a decisão do juízo não decorre de arbítrio, mas de critério de análise do caso ou da dúvida que lhe é submetida à apreciação, haja vista que o arbítrio não convive com o Estado Democrático de Direito. Exemplo de tal situação, no plano processual, encontra-se em LIEBMAN: *tem-se como exigência fundamental que os casos submetidos a juízo sejam julgados com base em fatos provados e com aplicação imparcial do direito vigente; e, para que se possa controlar se as coisas caminharam efetivamente dessa forma,* é *necessário que o juiz exponha qual o caminho lógico que percorreu para chegar* à *decisão a que chegou. Só assim a motivação poderá ser uma garantia contra o arbítrio... (omissis)... Para o direito* é *irrelevante conhecer dos mecanismos psicológicos que,* às *vezes, permitem ao juiz chegar* às *decisões. O que importa, somente,* é *saber se a parte dispositiva da sentença e a motivação estão, do ponto de vista jurídico, lógicos e coerentes, de forma a constituírem elementos inseparáveis de um ato unitário, que se interpretam e se iluminam reciprocamente.*[53]

Nessa linha, em atenção à exigência constitucional, é que foi adotado no ordenamento processual civil brasileiro o sistema da persuasão racional, o qual exige que o juízo racionalmente

53. Do Arbítrio à Razão. Reflexões sobre a motivação das sentenças, *In Rev. de Processo*, 29/79. Esta passagem também foi referida pelo Prof. Athos Gusmão Carneiro, em precioso ensaio sobre o tema (Sentença mal Fundamentada e Sentença não Fundamentada – Conceitos – Nulidades).

apresente as razões que justificam as decisões neste ou naquele sentido, pena de, se assim não proceder, caracterizar a decisão como ato de arbítrio e, por decorrência, convalescer esta de vício insanável.

Desse modo, oportuno, também, registrar que não há que se confundir sentença mal fundamentada ou com fundamentação concisa, com ausência de fundamentação. A decisão com fundamentação concisa é plenamente admitida pelo nosso ordenamento. A sentença mal fundamentada ensejará, se for o caso, reforma, ao passo que a sentença destituída de fundamentação é nula de pleno direito.

Posta a questão nesses termos, relevante, sob o ponto de vista pragmático processual, é saber identificar o que é exatamente fundamentar, ou seja, saber identificar se a decisão está ou não adequadamente fundamentada.[54]

Certamente é mais do que apresentar simples motivos e é mais por que não podem ser quaisquer motivos, mas sim devem ser explicitados aqueles que guardem relação de pertinência com a causa e juridicamente justifiquem a posição assumida.

Na motivação, portanto, o juízo deve demonstrar que conhece a causa e o direito aplicável a esta, pois a sentença é o direito reconstruído na relação jurídica posta à apreciação.

54. MICHELE TARUFFO, em seu clássico estudo sobre a motivação da sentença, na tradução brasileira, em apêndice intitulado *A reforma das normas sobre a motivação da sentença*, chama atenção para a motivação sobre fatos e a motivação sobre direito, esclarecendo as peculiaridades de cada qual na reforma italiana. *A motivação da Sentença Civil.* São Paulo: Marcial Pons, 2015, p. 419 e ss.

Aqui nasce outra indagação: o que é o direito sob o ponto de vista do processo, ou seja, aquele concretamente reconstruído?

Questão, induvidosamente, de difícil solução!

Contudo, no Brasil, na linha do pensamento de MIGUEL REALE, o direito é o conjunto de fato, valor e norma.[55] Essa ideia consagrada pela chamada teoria tridimensional está no plano processual pela via do disposto no artigo 489, do CPC/2015 e, portanto, assim resta posta: Fato=relatório, valor=fundamentação e norma=dispositivo.

Portanto motivar é relatar, argumentar e decidir!

Eis a plenitude da exigência constitucional, ainda que existam movimentos de mitigação no tema da apresentação da causa e seus fatos, ou seja, no relatório. Isso por que o relatório, na prática, no mais das vezes, mais tem se preocupado na descrição de atos procedimentais do que na apresentação da causa a ser apreciada.

Não se pode desconhecer que é direito da parte ser julgada por um juízo que efetivamente conheça a causa que vai apreciar e o juízo atende a tal direito através da apresentação da causa no relatório, pois neste deve demonstrar que conhcce a situação posta a julgamento, não sendo possível, *maxima venia*, sua dispensa, sob pena de violação do dever constitucional de fundamentação.

De outro lado, cumpre destacar que o novo Código de Processo Civil (Lei 13.105/2015), também atento ao eventual movimento mitigatório do dever de explicitar os argumentos decisionais, externa clara posição e agrega pela via do artigo

55. In *Filosofia do Direito*. São Paulo: Saraiva, 7° Ed. 1975, págs. 614 e ss.

489, § 1°, nova exigência à obrigação jurisdicional de explicitar as razões das decisões. Realmente, o novel CPC exige expressamente seja esclarecido o vínculo dos argumentos usados com causa e o faz com o nítido propósito de diminuir o espaço de discricionariedade jurisdicional. Passa, pois, a ser vedado, p. ex., o uso de mera reprodução de ato normativo, conceitos indeterminados, motivos genéricos, como fundamento da decisão se não for explicitada claramente sua incidência e relação concreta com a causa. É preciso, pois, esclarecer as razões pelas quais determinado conceito jurídico incide na causa, vez que não basta apontar sua incidência, mas sim é necessário justificar sua aplicação.

Portanto, haverá maior exigência na compreensão do dever constitucional de fundamentar não sendo permitidas fugas através de decisões genéricas que se amoldam a qualquer causa. Reforça a necessidade do juízo de demonstrar pleno e concreto conhecimento da causa, bem como a explicitação das razões pelas quais este ou aquele argumento se amolda a decisão, face à controvérsia posta à apreciação.

3.6.3. Contraditório

Às partes é assegurada a garantia do contraditório, insculpida no art. 5º, LV, da Constituição Federal. Posição agora também expressamente contemplada na ordem processual civil, direta ou reflexamente, através dos artigos 7º, 9º e 10º do CPC. Esta posição traz embutida em si a extraordinária capacidade de permitir uma visão integral do conflito e, por decorrência, abre caminho para um julgamento adequado frente ao conflito posto à apreciação do Poder Judiciário.

Assim, cumpre identificar a extensão e o alcance daquilo que realmente representa a garantia do contraditório no processo civil, haja vista pairar, especialmente em nível de doutrina, algumas variações em torno da questão.

O saudoso OVÍDIO ARAÚJO BAPTISTA DA SILVA, p. ex., definiu o contraditório como a oportunidade de se fazer ouvir, compreendendo-o como bilateralidade de audiência.[56] MARINONI e ARENHART, de sua parte, entendem ser a possibilidade de influenciar o juízo[57].

O contraditório, efetivamente, representa a oportunidade necessária estabelecida pelo ordenamento para ambas as partes se manifestarem – em momento adequado – para apresentar suas razões fáticas e jurídicas ou, como destacam WAMBIER e TALAMINI, "é o direito de plena participação de todos os atos, sessões, momentos, fases do processo, e de efetiva influência sobre a formação da convicção do julgador."[58]

Nessa linha, resulta claro que deve ser deferido às partes o direito de serem ouvidas e, através de suas razões, ao menos em tese, terem tido a oportunidade de influenciar na construção da decisão jurisdicional.

56. *Curso de Processo Civil.* São Paulo: RT, 2000. p. 70.

57. Comentários ao CPC, vol. 5, tomo I. São Paulo, RT, 2000, p. 172. No mesmo sentido CARLOS ALBERTO ALVARO DE OLIVEIRA. Comentários ao inciso LV, art. 5º, In CANOTILHO, J.J.; MENDES, Gilmar F.; SARLET, Ingo W.; STRECK, Lenio L. (coords). Comentários à Constituição do Brasil. São Paulo: Saraiva/Almedina, 2013, p. 433.

58. LUIZ RODRIGUES WAMBIER e EDAURDO TALAMINI, in *Curso Avançado de Processo Civil,* 16º ed. p. 77. São Paulo: RT, 2016.

Portanto, a garantia do contraditório, em *ultima ratio,* representa o direito de poder influenciar na formação da convicção do juízo.

Contudo, o contraditório, como a quase totalidade das garantias constitucional-processuais sofre, aqui ou ali, mitigações no processo, haja vista que tem sua aplicação relativizada ou maximizada em função do caso concreto posto à análise[59].

Nesse diapasão, cumpre aduzir que, por vezes, a lei ordinária permite diferir o contraditório no tempo. E o faz exatamente nos casos das liminares *inaudita altera parte* ou de decisões antecipatórias.

Necessário, outrossim, esclarecer que quando é permitido o deferimento liminar sem ouvida da parte contrária não se está invalidando o contraditório, senão postergando-o, dada a urgência e peculiaridade da situação do caso concreto. Há, pois, um conflito de valores e, nessa medida, deve o juízo optar pelo menos lesivo à ordem jurídica no caso concreto. Assim, o juízo faz um balanceamento e opta por um dos direitos conflitantes (urgência/efetividade X contraditório). Não desconsidera o direito existente, apenas, face à natureza do conflito, opta por um em detrimento do outro naquele momento[60].

---

59. Assim já nos pronunciamos em estudo em homenagem a OVÍDIO ARAÚJO BAPTISTA DA SILVA. *As liminares* inauditas alteram parte *e a garantia constitucional-processual do contraditório. Tutelas de Urgência e Cautelares.* Estudos em homenagem a Ovídio A. Baptista da Silva. São Paulo: Saraiva, 2010, p. 1022 e ss.

60. Nesse sentido CARLOS ALBERTO ALVARO DE OLIVEIRA. Comentários ao inciso LV, art. 5º, In CANOTILHO, J.J.; MENDES, Gilmar F.; SARLET, Ingo W.; STRECK, Lenio L. (coords). Comentários à Constituição do Brasil. São Paulo: Saraiva/Almedina, 2013, os. 435/6.

Dessa forma, como se vê, embora esteja a viger com toda sua plenitude e força, a sagrada garantia do contraditório, por vezes, levando em conta o conflito de valores posto à apreciação do juízo, poderá ser momentânea e episodicamente mitigada.

De outra banda, cumpre aduzir que o artigo 9°, do novel estatuto processual, em contexto sistemático, claramente também infraconstitucionaliza o contraditório ao estabelecer que não se prolatará decisão contra uma das partes sem que esta seja previamente ouvida. O parágrafo único, do referido dispositivo, entretanto, ressalva hipóteses de mitigação, tal como aqui advertido e o faz apontando hipóteses.

Desse modo, de logo, duas questões de relevo se apresentam.

A primeira diz respeito à necessidade da oitiva prévia da parte contra a qual será proferida decisão. A melhor interpretação, *maxima venia*, não reside na obrigatoriedade de oitiva como pode parecer, face à redação apresentada no texto legal, mas sim no dever de deferir oportunidade à parte para que esta se pronuncie, ou como lembram NERY e NERY[61], tem o Estado-Judiciário a *obrigação de noticiar* (Mitteilungspflicht), *obrigação de informar* (*Informationspflicht*), cabendo a esta pronunciar-se ou não, dependendo de seu interesse e conduta que resolva adotar.

A outra questão de destaque consta das exceções estabelecidas no parágrafo único do mesmo artigo 9º, do CPC, ao referir que não se aplica a necessidade de oitiva prévia nas hipóteses arroladas. Isto, a evidência, não quer dizer que não se aplica o contraditório, mas apenas quer dizer que naque-

61. In *Constituição Federal Comentada e Legislação Constitucional.* NERY JUNIOR, Nelson e NERY, Rosa Maria Andrade, 2°. Ed. – São Paulo: RT, 2009. P. 183.

le momento, face á natureza do conflito de valores posto à apreciação se diferirá no tempo a incidência da garantia do contraditório, vez que modernamente tem se entendido que este poderá ser prévio, diferido ou eventual.

O contraditório prévio representa o oferecimento de oportunidade de pronunciamento antes de qualquer decisão, o qual é a regra do sistema processual civil. Poderá, contudo, também ser diferido nas hipóteses de decisão provisória e em face de peculiaridades da situação jurídica posta à apreciação do Poder Judiciário, pela via das tutelas de urgência e/ou evidência. Poderá, também, ser eventual e assim se configura quando a cognição plenária somente se esgotará com o advento de outra demanda para esgotamento da cognição, em face da existência de questão reservada.[62]

Cumpre registrar, ainda, que o novo CPC, atento à importância da garantia do contraditório, através de seu artigo 7º, embora as exceções apontadas, impõe ao juízo o dever de zelar pelo seu real cumprimento no debate judicial. Efetivo cumprimento, representa a ideia de que o juízo deve sempre deferir às partes oportunidade para que se pronunciem em torno da prática dos atos processuais a serem adotados por qualquer dos integrantes da relação jurídica processual, a fim de que sejam os atos jurisdicionais construídos também pelo agir processual das partes.

Por derradeiro, no tópico, cumpre esclarecer que aqui concentramos as observações da incidência da garantia do contraditório nos limites do processo judicial civil. Entre-

62. Assim ensinam MARINONI, ARENHART e MITIDIERO. In Código de Processo Civil Comentado. São Paulo, RT. 2017, p. 170 e ss.

tanto, como sabido, essa projeta sua incidência para muito além dos estreitos limites do processo judicial. Efetivamente, sobre o tema, com razão, alerta ARAKEN DE ASSIS que "o contraditório permeia toda a atividade estatal, em razão do princípio democrático: o exercício do poder somente se legitima a participação das pessoas nele investidas, segundo os mecanismos constitucionais, e a dos destinatários dos atos do Estado."[63]

Com efeito, o contraditório alcança todos os atos de Estado e, por decorrência, projeta-se, inclusive, para os procedimentos administrativos. Contudo, nos limites do processo civil, como visto, representa o direito de influenciar – com fatos e argumentos – a convicção do juízo na formação da decisão.

3.6.4. Publicidade

Estabelece a Constituição Federal, em seu art. 93, IX, que todos os julgamentos dos órgãos do Poder Judiciário serão públicos. Quer isto dizer que a publicidade do julgamento é garantia oferecida às partes e à sociedade, vez que integrante da essência do Estado Constitucional Democrático, na medida em que assegura a todo cidadão o direito de acompanhar em tempo real seu julgamento, ou seja, é garantia de controle individual, mas também e antes de tudo de controle social.

A publicidade do julgamento, no entanto, por vezes, poderá ceder frente ao interesse público ou outras garantias constitucionais, tais como o direito à privacidade (art. 5º, X). Nesta

63. In *O processo Civil Brasileiro.Fundamentos e distribuição de conflitos*. São Paulo: RT, 2015, p. 415.

linha, a lei, em homenagem a outro princípio constitucional, de igual envergadura, poderá a publicidade ceder, com o fito de garantir a privacidade, exatamente como o faz, *verbi gratia*, o artigo 189, do novel CPC, o qual estabelece que correm em segredo de justiça os processos em que o interesse público ou social o exijam ou, ainda, digam respeito a casamento, separação de corpos, filiação, separação, divórcio, alimentos e guarda de crianças ou adolescente. Ainda, igualmente, excepciona o direito constitucional de confidencialidade. Todavia, não estando em jogo as hipóteses referidas, impõe-se a publicidade não apenas dos julgamentos em sentido estrito, mas dos atos processuais em geral (Art. 5º, LX, da CF).

Oportuno registrar que o CPC, com clareza invulgar, infraconstitucionaliza a necessidade de que os julgamentos sejam públicos, segundo se vê do disposto no artigo 11, primeira parte, do ordenamento processual. E impõe essa exigência sob pena de nulidade cominada, ou seja, a mais grave das invalidades consignadas pelo sistema processual. Isto quer dizer que o julgamento que não atender a publicidade, por ser inconstitucional, desafia Recurso Extraordinário e por violar norma federal enseja também impugnação pela via do Recurso Especial, salvo, evidentemente, se colorida qualquer das hipóteses autorizadoras de sigilo.

Há, entretanto, circunstância em que embora não exista qualquer autorização, ainda assim, os julgamentos ocorrem reservadamente, tais aqueles proferidos por juízo singular fora de audiência, com posterior publicação da sentença. O que a Constituição assegura e o CPC exige é publicidade do julgamento e não posterior publicização deste. Entretanto a praxe forense, embora a clara diferença, tem se conformado, em homenagem a operacionalização, com a possibilidade de que a publicação posterior da decisão atenda a exigência de publicidade do julgamento. Rigorosamente, contudo, esta situação poderá ensejar, em tese, eventual prejuízo às partes que estariam, no mínimo, privadas de intervir com esclarecimentos de questões de fato, às vezes, até mesmo, aptas, a mudar o sentido do julgamento, como se vê por vezes nos julgamentos colegiados que são acompanhados pelas partes e sociedade.

3.6.5. Isonomia

Os movimentos constitucionais democráticos se assentam, como regra, nas garantias da liberdade e igualdade. Estas premissas fundamentais respondem presente, no mais das vezes, nas Constituições ocidentais. Não difere a brasileira. Com efeito, fixa o *caput* do artigo 5º, da Constituição Federal que todos são iguais perante a lei, sem distinção de qualquer natureza. É, pois, da essência do sistema constitucional brasileiro a garantia fundamental da igualdade perante o Estado, ainda que o dispositivo se refira apenas a igualdade perante a lei.

Pode também ser afirmado que a garantia da isonomia projeta-se em dimensões distintas, mais especificamente sob o ponto de vista material e sob o prisma processual.

No plano exclusivamente processual, significa que os litigantes devem receber tratamento igualitário pelo juízo, vale dizer o tratamento processual assegurado a uma parte, deve – necessariamente – ser estendido à outra, segundo se vê claramente também pelo disposto no artigo 7°, do CPC.

Essa posição, igualmente, vem ratificada no capítulo referente aos poderes, deveres e responsabilidades do juiz, quando do mesmo modo o art. 139, I, do novel CPC aduz que *o juiz dirigirá o processo conforme as disposições deste código, competindo-lhe assegurar às partes igualdade de tratamento*, matéria antes disciplinada pelo artigo 125, I, do CPC de 1973.

O tema tem provocado, é verdade, polêmica, haja vista que, em nível doutrinário, encontram-se posições divergentes em torno da real compreensão do tratamento paritário assegurado às partes pela Constituição e certos privilégios oferecidos a determinados litigantes. Efetivamente, para NELSON NERY JÚNIOR[64] *dar tratamento isonômico* às *partes significa tratar igualmente os iguais e desigualmente os desiguais, na exata medida de suas desigualdades.* Circunstância, esta, que justificaria a edição de normas, tais quais as dos artigos 180, do CPC[65] que estabelece prazo beneficiados para o Ministério Público, por exemplo.

Essa posição, ainda que sob a regência do CPC de 1973, encontrou alguma resistência, como, p. ex., de PAULO HENRIQUE DOS SANTOS LUCON[66], que não reconhece legitimidade à legislação para outorgar tais privilégios frente ao disposto pela norma constitucional, na medida em que tais benefícios remontam à época de um modelo estatal superado e que, hoje, não tem razão de sobreviver.

Maxima venia, a isonomia absoluta é de difícil, se não impossível, implementação no plano material e, por

---

64. In *Princípios do Processo Civil na Constituição Federal.* São Paulo: RT, 2013. p. 112.
65. 188, do CPC de 1973.
66. Garantias constitucionais do processo civil. São Paulo, RT, 1999. In *Garantia do tratamento paritário das partes,* pág. 119.

vezes, também no plano processual. Com efeito, as partes em muitos casos são natural e essencialmente desiguais não havendo como sempre equipará-las, nem mesmo com tratamento desigual. A única forma de assegurar paridade de tratamento é no plano procedimental via deferimento de oportunidades iguais.

Existe, é verdade, disciplina de searas específicas que buscam equilibrar no processo judicial àqueles que são materialmente desiguais, a partir da ideia da hipossuficiência. Isto, entretanto, não autoriza admitir a existência de tratamento privilegiado de uma parte no curso do debate judicial, pois o que ocorre é apenas uma distribuição dinâmica do ônus da prova[67], ou seja, atribui-se a responsabilidade de provar àquele que reúne melhores condições de esclarecimento da causa perante o juízo. Portanto, é regra em favor do juízo e não de favorecimento desta ou daquela parte, segundo demonstra o artigo 373, § 1°, do CPC.

A isonomia, portanto, na dimensão processual, se concretiza através da paridade de tratamento procedimental, assegurando igualdade de oportunidades no curso do processo judicial. Isso representa, por conseguinte, a proibição de qualquer tratamento diferenciado pelo juízo em relação às partes.

67. *Leading Case* de distribuição do ônus dinâmico da prova. REsp 69.309/SC, 1996. Nessa linha a prova não cabe mais somente a quem alega, mas a quem desfruta de melhores facilidades para produzi-la. Assim, compete ao juízo **motivadamente** decidir quem está em melhores condições de produzir a prova. Nessa linha, v., com proveito, DALL'AGNOL JÚNIOR, Antonio Janyr. *Distribuição dos* ônus *probatórios*. In: Revista dos Tribunais nº 788, junho de 2001, p. 93.

3.6.6. *Duração razoável do processo*

O inciso LXXVIII, do artigo 5°, da Constituição Federal trata da garantia da duração razoável do processo. Como se percebe da simples leitura do dispositivo constitucional, a proposta é de enfrentar um dos temas que mais atormentam os profissionais do direito e o cidadão que tem causa posta à apreciação do Poder Judiciário, ou seja, o tempo de duração do processo judicial. Hoje, portanto, pode ser afirmado que a prestação jurisdicional tardia não é apenas injusta, mas também inconstitucional.

Entretanto, algumas questões emergem para debate a partir da opção feita de uso de conceito indeterminado no conteúdo da garantia. Nesta linha, a indagação é se devem estar presentes critérios objetivos para a identificação do que, exatamente, deve ser compreendido como duração razoável.

Há orientação no sentido de que devem ser considerados como critérios para a definição da razoabilidade do tempo de duração do processo a) complexidade do caso; b) conduta das autoridades e c) conduta dos litigantes.

Na hipótese da complexidade do caso estão em causa à dificuldade jurídica, probatória ou até mesmo a ausência de complexidade. Na conduta das autoridades se pretende identificar se o Estado contribuiu de algum modo para a morosidade da prestação jurisdicional. Já na hipótese da conduta das partes, deve ser analisado se estas contribuíram com seu comportamento para a demora. Esta pode ser por parte do réu que antevendo solução desfavorável dolosamente se socorre dos meios processuais às partes deferidos para protrair no tempo a duração da causa ou se de parte do autor houve desídia no impulso da causa.

Afora essas circunstâncias, também devem responder presente na identificação objetiva da duração razoável do processo a natureza da lide e a qualidade das partes.

Nessa linha, cumpre observar que há demandas que podem durar mais e demandas que não podem se protrair no tempo, face à natureza do objeto litigioso, tais aquelas que têm por controvertido bem perecível em curto espaço de tempo. Igualmente se as partes envolvidas desfrutam de menor expectativa de vida, tais os idosos. Deve, pois, também o juízo ao levar em considerações estes dados, pois são indicativos objetivos para aferição de duração razoável.

Assim, o que se percebe nitidamente é que a identificação da razoabilidade da duração de um processo judicial deve ser apurada concretamente, ou seja, caso a caso.

Há, entretanto, conhecida e prestigiada posição doutrinária exposta com o talento costumeiro por JOSÉ ROGÉRIO CRUZ E TUCCI[68] desde antes da Emenda Constitucional nº 45/2004 que identifica a duração razoável com o atendimento dos prazos processuais estabelecidos por lei. Vale dizer: se atendidos todos os prazos estabelecidos no procedimento o processo teve duração razoável, se não respeitados não teve duração razoável.

3.7. O fenômeno processual da relativização *in concreto* de garantias constitucional-processuais

As chamadas garantias constitucional-processuais, ainda que configurem direitos fundamentais do cidadão, por vezes,

68. In *Tempo e Processo*. São Paulo: RT, 1997.

sofrem mitigação. Assim, ao contextualizá-las na ordem jurídica, é indispensável que se ilumine na medida do possível abrandamento de incidência.

A relativização admitida obedece a certas exigências que, se bem compreendidas e adequadamente aplicadas, contribui para o ajuste de soluções jurídicas.

A relativização de garantais admitida pela ordem jurídica, portanto, não pode ser compreendida como a regra a preponderar, mas como a exceção admissível, frente a certas particularidades.

Dessa forma, oportuno balizar – ainda que objetivamente – o tema, haja vista que o mesmo, em *ultima ratio*, representa o modo de convivência do sistema processual matriz, inclusive com os segmentos processuais especializados.

Nessa linha, cumpre destacar que os atos jurídicos em geral são protegidos pelo primado constitucional da segurança jurídica. A teoria da segurança jurídica encontra-se, preferencialmente, plasmada no princípio da confiança do cidadão no Estado[69]. Como derivação deste propósito foram

69. Nesse sentido, é a lição de J.J. GOMES CANOTILHO: "A segurança e a proteção da confiança exigem, no fundo: (1) fiabilidade, clareza, racionalidade e transparência dos actos do poder; (2) de forma que em relação a eles o cidadão veja garantida a segurança nas suas disposições pessoais e nos efeitos jurídicos dos seus próprios actos. Deduz-se já que os postulados da segurança jurídica e da protecção da confiança são exigíveis perante *qualquer acto de qualquer poder* – legislativo, executivo ou judicial. O princípio geral da segurança jurídica em sentido amplo (abrangendo, pois, a ideia de protecção da confiança) pode formular-se do seguinte modo: o indivíduo têm do direito poder confiar em que aos seus actos ou às decisões públicas incidentes sobre os seus direitos, posições ou relações jurídicas alicerçados em normas jurídicas vigentes e válidas por esses actos jurídicos deixado pelas autoridades

inseridos na Constituição os subprincípios de proteção ao direito adquirido, ao ato jurídico perfeito e a coisa julgada (5º, XXXVI, CF), ou seja, tais garantias foram contempladas pela Constituição para que, uma vez configuradas, gerem blindagem em desfavor de iniciativas contrarias aquilo que já se consumou. São, portanto, cláusulas imunizantes, essenciais ao Estado Constitucional Democrático, visto que não há democracia, nem direito, onde não há segurança jurídica ou confiança do cidadão no Estado.

Contudo, como sabido, há – hoje – movimento reconhecendo a possibilidade jurídica de mitigação de garantias constitucionais, a partir da convicção de que não existe garantia constitucional absoluta. Afirma-se, nesta linha, que nem mesmo a vida é garantia absoluta, na medida em que em determinadas hipóteses esta poderá ser ceifada, desde que presentes circunstâncias que tornem lícita a conduta supressiva da vida de outrem, tais como a legítima defesa na seara criminal.

Essa compreensão tem origem na constatação da efetiva existência de antinomias na ordem jurídica constitucional, vez que, realmente, em concreto, identificam-se hipóteses de tensão entre primados constitucionais.

---

com base nessas normas se ligam os efeitos jurídicos previstos e prescritos no ordenamento jurídico. As refrações mais importantes do princípio da segurança jurídica são as seguintes:

(1) relativamente a *actos normativos* – proibição de normas retroactivas restritivas de direitos ou interesses juridicamente protegidos; (2) relativamente a *actos jurisdicionais* – inalterabilidade do caso julgado; (3) em relação a *actos da administração* – tendencial estabilidade dos casos decididos através da actos administrativos constitutivos de direitos". CANOTILHO. *Direito Constitucional e Teoria da Constituição,* 4ª ed.Coimbra: Almedina, p. 256.

A possibilidade real de conflito entre propostas constitucionais, quiçá, já no distante 20 de julho de 1951, tenha inspirado o Professor da Universidade de Tübingen, OTTO BACHOF, a desenvolver sua instigante tese de que é possível existir normas constitucionais inconstitucionais (inválidas)[70]. Em abono de

70. BACHOF, Otto. *Normas constitucionais inconstitucionais?* Tradução de JOSÉ MANOEL CARDOSO DA COSTA, Coimbra, Almedina, 1994. Sobre a possibilidade jurídica aventada pelo ilustrado professor vale referir, ainda que diga respeito a inconstitucionalidade formal de norma com *status* constitucional decisão do Pretório Excelso assim ementada "INCONSTITUCIONALIDADE FORMAL. Julgado o mérito da ação direta ajuizada pelo Partido dos Trabalhadores – PT contra a Emenda Constitucional 21/99, que acrescentou o art. 75 do ADCT da CF/88, autorizando a prorrogação da contribuição provisória sobre movimentação ou transmissão de valores e créditos e de direitos de natureza financeira – CPMF. O Tribunal, por maioria, confirmando os fundamentos expendidos quando do julgamento da medida liminar, julgou procedente em parte o pedido formulado para declara a inconstitucionalidade do § 3º, do art. 75, do ADCT, na redação dada pela EC 21/99 (§ 3º: "É a União autorizada a emitir títulos da dívida pública interna, cujos recursos serão destinados ao custeio da saúde e da previdência social, em montante equivalente ao produto da arrecadação da contribuição, prevista e não realizada em 1999"). Entendeu-se caracterizada a inconstitucionalidade formal sustentada pelo autor da ação, uma vez que houve supressão de parte do referido parágrafo durante a apreciação da proposta da emenda constitucional pela Câmara dos Deputados sem que, após, o dispositivo tenha sido novamente apreciado pelo Senado Federal, ofendendo o art. 60, § 2º, da CF ("A proposta será discutida e votada em cada Casa do Congresso Nacional, em dois turnos, considerando-se aprovada se obtiver, em ambos, três quintos dos votos dos respectivos membros."). Quanto aos demais dispositivos da EC 21/99, o Tribunal, por maioria, julgou improcedente o pedido pela ausência de inconstitucionalidade material sustentada pelo autor da ação – com fundamento nos artigos 5º, 7º, VI, 150, I e IV, e 154, I, todos da CF. Vencido em parte o Min. Ilmar Galvão que, ressaltando a existência de intervalo entre a Lei 9.311/96 (de vigência temporária e prazo já exaurido) e a mencionada Emenda, entendia não incidir a EC 21/99 enquanto durasse a anterioridade nonagesimal, salientando, ainda, que a simples movimentação de conta bancária pelo seu titular não configuraria fato econômico suscetível de tributação". (STF, ADI 2.031/DF, Pleno, Rel. Min. Ellen Gracie, j. 3.10.2002). Nesta, todavia, se identifica a inconstitucionalidade material de

sua posição, apresenta, no Capitulo IV da obra aqui referida, as diferentes possibilidades de normas constitucionais incons-

---

texto constitucional alterado pela Emenda Constitucional n 3 de 1993: "Direito Constitucional e Tributário. Ação Direta de Inconstitucionalidade de Emenda Constitucional e de Lei Complementar. I.P.M.F. Imposto Provisório sobre a Movimentação ou a Transmissão de Valores e de Créditos e Direitos de Natureza Financeira – I.P.M.F. Artigos 5., par. 2., 60, par. 4., incisos I e IV, 150, incisos III, "b", e VI, "a", "b", "c" e "d", da Constituição Federal. 1. Uma Emenda Constitucional, emanada, portanto, de Constituinte derivada, incidindo em violação à Constituição originária, pode ser declarada inconstitucional, pelo Supremo Tribunal Federal, cuja função precípua é de guarda da Constituição (art. 102, I, "a", da C.F.). 2. A Emenda Constitucional n. 3, de 17.03.1993, que, no art. 2., autorizou a União a instituir o I.P.M.F., incidiu em vício de inconstitucionalidade, ao dispor, no parágrafo 2. desse dispositivo, que, quanto a tal tributo, não se aplica "o art. 150, III, "b" e VI", da Constituição, porque, desse modo, violou os seguintes princípios e normas imutáveis (somente eles, não outros): 1. – o princípio da anterioridade, que e garantia individual do contribuinte (art. 5., par. 2., art. 60, par. 4., inciso IV e art. 150, III, "b" da Constituição); 2. – o princípio da imunidade tributária recíproca (que veda a União, aos Estados, ao Distrito Federal e aos Municípios a instituição de im postos sobre o patrimônio, rendas ou serviços uns dos outros) e que e garantia da Federação (art. 60, par. 4., inciso I, e art. 150, VI, "a", da C.F.); 3. – a norma que, estabelecendo outras imunidades impede a criação de impostos (art. 150, III) sobre: "b"): templos de qualquer culto; "c"): patrimônio, renda ou serviços dos partidos políticos, inclusive suas fundações, das entidades sindicais dos trabalhadores, das instituições de educação e de assistência social, sem fins lucrativos, atendidos os requisitos da lei; e "d"): livros, jornais, periódicos e o papel destinado a sua impressão; 3. Em consequência, é inconstitucional, também, a Lei Complementar n. 77, de 13.07.1993, sem redução de textos, nos pontos em que determinou a incidência do tributo no mesmo ano (art. 28) e deixou de reconhecer as imunidades previstas no art. 150, VI, "a", "b", "c" e "d" da C.F. (arts. 3º., 4º. e 8º. do mesmo diploma, L.C. n. 77/93). 4. Ação Direta de Inconstitucionalidade julgada procedente, em parte, para tais fins, por maioria, nos termos do voto do Relator, mantida, com relação a todos os contribuintes, em caráter definitivo, a medida cautelar, que suspendera a cobrança do tributo no ano de 1993". (ADI 939 / DF – Rel. Min. SYDNEY SANCHES. Julgamento: 15/12/1993 Órgão Julgador: TRIBUNAL PLENO. Publicação: DJ DATA-18-03-1994 PP-05165 EMENT VOL-01737-02 PP-00160 RTJ VOL-00151-03 PP-00755).

titucionais (inválidas), tais como (a) inconstitucionalidade de leis de alteração da Constituição, (b) inconstitucionalidade de normas constitucionais em virtude de contradição com normas constitucionais de grau superior, (c) inconstitucionalidade por infração dos princípios constitutivos não escritos no sentido da Constituição, (d) inconstitucionalidade por infração a direito constitucional consuetudinário, dentre outros.

Afastando o relevante debate destacado por OTTO BACHOF, na medida em que a antinomia em concreto não importa em qualquer inconstitucionalidade (invalidade da norma), mas apenas e tão-somente na tensão de valores, a tendência doutrinária que tem por suporte a ideia de que inexiste garantia constitucional absoluta, frente eventual conflito que poderá existir entre uma e outra, fez nascer em berço germânico[71], a ideia de proporcionalidade, como forma de superar eventual confronto constitucional, em face do conflito entre garantias ou princípios, já que a lógica do "tudo ou nada" (*all-or-nothing-fashion*), consagrada por RONALD DWORKIN, nesta sede, não se revela oportuna, muito embora possa ser razoável para o conflito de regras.

Realmente, nas tensões entre garantias ou princípios, mais se apresenta adequada à ponderação de valores no "custo/benefício" em concreto. Na linha da compreensão do tema, elucidativos, para a perfeita avaliação da ideia da proporcionalidade em sentido estrito, os exemplos trazidos por HEINRICH SCHOLLER: *Na prática jurisprudencial, inclusive no* âmbito *do Tribunal Federal Constitucional, tem sido considerada*

71. Há quem sustente a origem Suíça do princípio. Contudo, no contexto, *máxima vênia,* não se justifica decisiva incursão em torno da efetiva origem do chamado princípio da proporcionalidade.

mais como sendo uma técnica de controle. No que diz com este aspecto, cumpre lembrar outro exemplo extraído da jurisprudência constitucional. No caso concreto, cuidava-se de alguém processado criminalmente por delito de menor potencial ofensivo (crime de bagatela). A prova deveria ter sido obtida mediante a extração de líquido da coluna do acusado. Contra esta determinação, foi impetrada uma reclamação constitucional (Verfassungsbeschwerde), alegando ofensa ao direito à integridade física e corporal (art. 2º, inc. II, da Lei Fundamental). O Tribunal Federal Constitucional, ao apreciar o caso, considerou que a medida restritiva (invasiva de integridade física e corporal) não se afigurava como proporcional, relativa à gravidade da infração penal atribuída ao particular, o que parece uma conclusão ligada à proporcionalidade em sentido estrito. Com efeito, seria manifestamente desarrazoado alcançar a condenação de alguém por um delito de insignificante ofensividade, expondo-o a um risco tão expressivo para sua saúde de integridade física. Convém frisar, ainda neste contexto, que se poderá chegar ao mesmo resultado a partir do critério necessidade. O próprio Tribunal Federal Constitucional, na decisão ora tomada como exemplo, entendeu que as sequelas decorrentes da investigação e determinação da autoria e responsabilidade pelo delito não poderão atingir o autor de forma mais gravosa do que a sanção penal ser aplicada no caso (BverfGE 16, 194/202).

(...)

Na aferição da constitucionalidade de restrições aos direitos fundamentais, o Tribunal Federal Constitucional acabou por desenvolver, como método auxiliar, a "teoria dos degraus" (Stufentheorie) e assim denominada "teoria das esferas" (Sphärentheorie). De acordo com a primeira concepção, as restrições a direitos fundamentais devem ser efetuadas em diversos degraus. Assim, por exemplo, já se poderá admitir uma restrição na liberdade de exercício profissional (art. 12 da Lei Fundamental) por qualquer motivo objetivamente relevante (aus jedem sachlichen Grund), ao passo que no degrau ou esfera mais profunda, o da liberdade de escolha da profissão, tida como sendo em princípio irrestringível, uma medida restritiva apenas encontrará justificativa para salvaguardar bens e/ou valores comunitários de expressiva relevância de ameaças concretas, devidamente comprovadas, ou pelo menos altamente prováveis[72].

Essa ideia básica, se pode afirmar, encerra a *primeira onda* de relativização de garantias fundamentais. Neste cenário tudo se opera no plano constitucional, vez que se admite a mitigação de certo direito constitucional frente a outro também de índole constitucional que se revela mais relevante em determinado caso concreto, mas sem invalidar àquele superado, haja vista que apenas submetido a mandamento de ponderação, aos efeitos de afastar um resultado desproporcional, pois, se assim não fosse, estar-se-ia prestigiando um direito de menor hierarquia para a hipótese.

A ideia da possibilidade jurídica de relativização de garantias constitucional-processuais ou de que inexistem garantias constitucionais absolutas e que, portanto, todas são mitigáveis, no Brasil, goza de largo prestígio e obtém trânsito fácil, inclusive ensejando – consciente ou inconscientemente – a possibilidade de que leis infraconstitucionais "arranhem", sem pejo, as garantias de assento constitucional, fazendo nascer uma verdadeira *segunda onda* de relativização.

72. SCHOLLER, Heinrich. *O princípio da proporcionalidade no Direito Constitucional e administrativo da Alemanha.* Tradução e adaptação de INGO WOLFGANG SARLET. In: Interesse Público n. 2/93.

São vários os exemplos no âmbito do processo civil contemporâneo: a) as liminares *inaudita altera pars,* em face da garantia do contraditório, onde este, se diz, é postecipado; b) os prazos processuais beneficiados da Fazenda Pública e do Ministério Público, frente à garantia da isonomia; c) a decisão arbitral impeditiva de reexame pelo Judiciário, frente à garantia da inafastabilidade do controle jurisdicional sobre as violações e ameaças de direito; d) o depósito prévio da rescisória, as custas judiciais e o preparo recursal, frente à garantia do acesso à justiça; e) julgamento imediato, nas causas exclusivamente de direito, pelo Tribunal (515, § 3º, CPC), frente à garantia do duplo grau de jurisdição e do juízo natural colegiado e muitas outras hipóteses que podem ser identificadas na ordem jurídica nacional[73].

Assim, parece, do que se pode observar do comportamento do Poder Legislativo e do Poder Judiciário, que vivemos também efetivamente uma *segunda onda* de relativização, ou seja, hipótese em que se identifica como possível, em determinadas casos, relativizar garantia constitucional por lei infraconstitucional. Primeiro por que o Legislativo edita leis de tal índole e segundo por que o Judiciário dá guarida a tais leis, frente a casos concretos que lhe são submetidos. Esta técnica que, aparentemente, contempla a desconsideração da chamada *hierarquia de normas*, em verdade, em certos casos consagra a ideia de *intervenção restritiva*[74] do legislador ordinário sobre

73. Em alguns casos, é verdade, se bem investigada a hipótese encontrar-se-á suporte constitucional para a iniciativa legislativa, pois esta busca, exatamente, a proteção de um valor constitucional. Entretanto vale lembrar que a lei é norma em tese e que a ponderação de valores é teoria de aplicação em concreto.

74. Neste sentido, v., p. ex., CANOTILHO, José Joaquim Gomes. *Dogmática de direitos fundamentais e direito privado*, in Constituição, Direitos Fundamentais

direitos fundamentais e, por decorrência, como destacado, enseja outra possibilidade de relativização de garantias.

Em suma: (i) a primeira hipótese de relativização de garantias decorre da ponderação de valores constitucionais em concreto, onde uma cede frente à outra, mediante mandamento de ponderação e (ii) a segunda configura-se através de intervenções restritivas do legislador ordinário.

Entretanto, o tema relativização de garantias constitucionais não se esgota no movimento de mitigação de garantia constitucional-processual por lei ou decisão jurisdicional originária, mas também por decisão jurisdicional substitutiva, configurando, pois, uma verdadeira *terceira onda*[75] de relativização de garantias constitucionais.

Efetivamente, identifica-se com facilidade na doutrina brasileira a tese da possibilidade jurídica de que decisão jurisdicional supere a existência de coisa julgada[76], uma vez presentes certas circunstâncias.

---

e Direito Privado, Organizador INGO WOLFGANG SARLET. Porto Alegre: Livraria do Advogado, 2003, p. 339 e ss.

75. Ideia retórica introduzida na literatura por ALVIN TOFFLER, in *A terceira Onda*, Tradução de João Távora. Rio de Janeiro, Record, 2° ed., 1980. Título original: The Third Wave e no plano jurídico consagrada por MAURO CAPPELLETTI, através de suas sustentações de acesso à justiça.

76. Sobre a temática, ver, p.ex., DINAMARCO, Cândido Rangel. *Relativizar a Coisa Julgada Material.* In: Ajuris n. 83/33. THEODORO JÚNIOR, Humberto e DE FARIA, Juliana Cordeiro. *A coisa julgada inconstitucional e os instrumentos processuais para seu controle.* In: Revista do Ministério Público n. 47, p. 115-147. DELGADO, José Augusto. *Pontos Polêmicos das Ações de Indenização de Áreas Naturais Protegidas.* In: RePro 103/9; TEIXEIRA, Sálvio Figueiredo. *In* Resp nº 226436/PR, j. 28.06.2001, DANTAS, Ivo. *Da coisa julgada inconstitucional. Novas e Breves notas. In:* Interesse Público n. 27, 2004, p. 60-71. THEODORO JUNIOR, Humberto. *A reforma do Processo*

A ideia básica consiste na hipótese de o juízo se deparar com uma situação de extrema injustiça concreta perpetrada por decisão jurisdicional passada em julgado.

Frente a esse quadro, estaria o novo juízo autorizado a (re)julgar a causa. É exemplo clássico a circunstância de que certa sentença passada em julgado entendeu improcedente demanda investigatória de paternidade. Entretanto, configurada a coisa julgada, sobrevém exame de DNA a atestar a certeza da paternidade negada pela sentença.

Diante da situação concreta de flagrante injustiça, como dito, estaria o juízo autorizado a (re)julgar a causa, na medida em que a decisão anterior seria inconstitucional, pois estaria a violar o dever constitucional de distribuição de jurisdição justa.

Estaria a ocorrer um conflito de valores. De um lado a segurança jurídica representada pela coisa julgada ou a confiança do cidadão no Estado e, de outro, em verdadeira tensão *in concreto*, a necessidade da existência de uma decisão justa prometida pela Constituição Federal. Na hipótese, para aqueles que entendem possível a relativização da coisa julgada deveria esta ser superada e (re)julgada a causa com a prolação de nova decisão, face à contundência da prova oferecida e a flagrante injustiça da decisão anterior.

---

de Execução e o Problema da coisa julgada inconstitucional. (CPC, art. 741, parágrafo único). *In:* Revista Síntese de Direito Civil e Direito Processual Civil n. 29, mai/jun 2004, p. 5-27. WAMBIER, Teresa Arruda Alvim e MEDINA, José Miguel Garcia. *O Dogma da Coisa Julgada. Hipóteses de Relativização.* São Paulo: RT, 2003, dentre outros e ZAMPROGNO, Alexandre. Meios processuais para desconstituir a coisa julgada inconstitucional. In: Interesse Público n. 95-100.

Aqui, note-se, estar-se-ia a relativizar a garantia constitucional da coisa julgada, não pela tensão de valores na formação da decisão originária e nem em razão de intervenção restritiva mitigadora de garantia, mas por decisão jurisdicional substitutiva da originária. Daí a razão pela qual, a hipótese configura situação diversa daquelas antes expostas e caracteriza, portanto, uma verdadeira terceira hipótese de relativização de garantia constitucional (processual).

É sabido, outrossim, que a tese é controvertida, eis que parcela significativa da doutrina, com variações de fundamentos, resiste à possibilidade de relativizar ou desconsiderar a coisa julgada[77]. Entretanto, embora a controvérsia, longe de dúvida, configura – ao menos para aqueles que aceitam a ideia de relativização da coisa julgada – nova hipótese de mitigação de garantia constitucional (processual).

Assim, cumpre, por derradeiro, neste capítulo, assentar que as garantias constitucionais na compreensão hodierna são efetivamente relativizáveis, seja (i) em concreto, na hipótese de tensão de valores, (ii) em tese, quando há intervenção restritiva

77. Neste sentido, v., com proveito, BARBOSA MOREIRA, José Carlos. *Considerações sobre a chamada 'relativização' da coisa julgada material. In:* Revista Síntese de Direito Civil e Direito Processual Civil, n. 33, jan/fev 2005, p. 5-28. ASSIS, Araken de. *Eficácia da Coisa julgada inconstitucional. In:* Revista Jurídica n. 301, nov/2002, 7-29. TESHEINER, José Maria Rosa. *Relativização da Coisa Julgada. In:* Revista do Ministério Público n. 47, 2002, p. 104-114. PORTO, Sérgio Gilberto. *Cidadania Processual e Relativização Coisa Julgada. In:* Revista Síntese de Direito Civil e Direito Processual Civil n. 22, mar/abr 2003, p. 5-13. SILVA, Ovídio Baptista da. *Coisa Julgada Relativa? In:* Revista Jurídica n. 316, fevereiro 2004, p. 7-18. MARINONI, Luiz Guilherme. *O princípio da segurança dos atos jurisdicionais (a questão da relativização da coisa julgada material). In:* Revista Jurídica n. 317, mar/2004, p. 14-33.

da lei limitando a área de incidência da garantia e (iii) quando se revelar necessária decisão jurisdicional substitutiva[78]. E se as garantias são relativizáveis por mais de uma forma, como visto, é nesta medida que, igualmente, devem ser compreendidas no seio do direito processual civil contemporâneo.

78. Aqui, cumpre registrar que a Ação Rescisória é modo de relativizar a garantia constitucional da coisa julgada por nova decisão e esta forma é aceita a unanimidade pela doutrina brasileira. Contudo, a ideia pós-moderna de relativizar a coisa julgada por nova decisão, independentemente da propositura prévia de demanda de invalidade do julgado, em face de eventual inconstitucionalidade da decisão que transitou em julgado, superando, inclusive o prazo de rescisória, é altamente controvertida, porém aceita por parcela qualificada da doutrina.

4. PROCESSO, IDEOLOGIA E SISTEMA

4.1. Observação preliminar

Temos apontado a impossibilidade de sobrevivência de uma teoria geral para o processo judicial nessa quadra da história, como se pode verificar através de algumas publicações levadas a efeito.[79]

Essa ideia tem por base a constatação da existência de vários ramos do direito processual coevo. Efetivamente, hoje, com facilidade, podem ser identificadas áreas de clara especialização do direito processual. Tais, p. ex., o direito processual civil em sua compreensão clássica, o direito processual penal, o direito processual do trabalho, o direito processual coletivo, dentre outras variações.

---

79. V., p. ex., Lições Sobre Teorias do Processo – Civil e Constitucional – (em coautoria com Guilherme Athayde Porto) Porto Alegre: Livraria do Advogado Editora, 2013. Cidadania Processual: Processo Constitucional e o Novo Processo Civil. Livraria do Advogado Editora: Porto Alegre, 2016.

A partir dessa constatação, nos foi possível inaugurar reflexão em torno da impossibilidade de sobrevivência de uma chamada teoria geral para o processo judicial, isso por que os segmentos do direito processual servem ao direito material especializado, com a necessária adequação à natureza do direito a ser posto em causa.

Com efeito, cada qual dos segmentos têm suas próprias características, compromissos e necessidades, daí nos parecer correta a ideia da impossibilidade de sobrevivência de uma teoria universal, capaz de satisfazer todas as particularidades dos variados desdobramentos processuais, máxime por que a então chamada teoria geral nasceu sob a regência da compreensão clássica do processo judicial, ou seja, instrumento para a justa composição da lide de conflitos individuais[80].

Entretanto, com o passar dos tempos, essa compreensão cedeu espaço às especializações de tutelas, dos mais variados matizes, como decorrência das necessidades do processo pós-

80. Essa situação, entretanto, não quer dizer que não há diálogo entre os variados segmentos do direito processual. Há, sim, diálogo e troca de experiências, entre os ramos do processo. Aliás, o diálogo é da essência da ordem jurídica, segundo se vê, p. ex., do excelente trabalho coordenado pela Prof. Cláudia Lima Marques, intitulado *Diálogo das Fontes – Do conflito à coordenação de normas do direito brasileiro.* A obra é composta por vários ensaios de diversos autores. Entretanto, a linha mestra encontra inspiração no pensamento do Professor Erik Jayme, o qual demonstra que as fontes devem conversar entre si. Assim, como diz o ilustrado professor de Heidelberg, cabe ao jurista ouvir o que dizem, a partir dos valores da Constituição. Conciliar fontes e afastar antinomias é o propósito, pois o direito deve afastar contradições. São Paulo: RT, 2012. No plano do direito processual civil hoje é clara a disciplina legal na necessidade de diálogo intenso com a Constituição Federal, segunda atesta claramente o artigo 1°, do CPC. A aplicação da teoria do diálogo das fontes no âmbito processual já foi, inclusive, destacada pelo Ministro Hermann Benjamin, no AgRg no REsp 1030569-RS.

-moderno[81] que atento aos fenômenos culturais tenta cumprir suas funções nos planos de sua incidência. Nessa linha, inicialmente, face à ausência de disciplina legal, houve incremento da atividade criativa do juízo[82], promovendo adequações do processo clássico à nova realidade, respeitado os limites constitucionais de tal iniciativa.

Assim, oportuno destacar que são vários os institutos processuais que reclamaram adequação a necessidade do segmento material também pós-moderno, tais como, p. ex., dentre muitas opções, a projeção do instituto da coisa julgada material, pois no direito individual tinha uma projeção e no direito coletivo reclamava outra.

Realmente, a natureza do direito controvertido passou a determinar a projeção subjetiva do instituto da coisa julgada. Hoje, como sabido, se individual permanece sua área de influência limitada às partes[83], se, contudo, difuso, será *erga omnes*, dentre outras variações.

Essa adequação – segundo por nós, inclusive, já sustentado – é indispensável aos efeitos de produzir a sinergia necessária

---

81. Sobre direito e pós-modernidade, ver interessante ensaio de autoria de Elaine Harzheim Macedo e Fernanda Macedo intitulado *O Direito Processual civil e a pós-modernidade. www.professoralaine.com.br.*

82. Sobre atividade criativa do juízo v., p. ex., Alberto Vicente Fernandez. *Función Creadora del Juez.* Buenos Aires: Abeledo-Perrot, 1980. Alberto G. Spota. *O juiz, o advogado e a formação do direito através da jurisprudência.* Tradução de Jorge Trindade. Porto Alegre: SAFE, 1985. José Guilherme de Souza. A criação judicial do Direito. Porto Alegre: SAFE, 1991. Sérgio Gilberto Porto. Ação Rescisória Atípica. Instrumento de defesa da ordem jurídica. São Paulo: RT, 2009, Capítulo 3.

83. Em sintonia, ainda que parcial, face o teor do art. 506 do CPC, com as ideias seculares de Matteo Pescatore e a conhecida teoria da *tria eadem.*

para a realização do direito pela via da jurisdição[84], muito embora a conhecida ideia proposta pela teoria do direito abstrato de agir[85], cuja origem, como já apontado, é doutrinariamente atribuída a OSKAR VON BÜLOW, ainda que exista tímido debate sobre a gênese da autonomia conceitual do processo.[86]

Entretanto, muito embora a autonomia do direito processual, a intimidade entre direito material e processo, considerando ser este instrumento de realização daquele, provoca, por natural, a busca de sintonia, com o propósito de alcançar eficiência na prestação jurisdicional, pois quanto maior o alinhamento, melhores serão os resultados na solução do conflito. Tal realidade, como apontado, demandou uma especialização natural do processo, tal qual a existente no plano material e as razões são claras: o compromisso do processo na realização do direito material e mais modernamente dos valores e propósitos constitucionais, segundo atesta o Livro I, Título Único, Capitulo I, do CPC, fazendo nascer também sob o ponto de vista legislativo a ideia de instrumentalidade constitucional.

Essa situação merece ser compreendida em toda sua profundidade, pois aponta para a existência de compromissos pré-processuais dos sistemas. Poder-se-ia, inclusive, afirmar que deve ser bem compreendida para melhor aplicá-la, pois

84. Sinergia jurídica: Processo e Realização do Direito Material. Revista de Processo, RT, 215/43.

85. Sobre teorias do direito de ação e especialmente teoria abstrata do direito de agir, no Brasil, v., por todos, *Curso Avançado de Processo Civil: Teoria Geral do Processo*, vol 1. Luiz Rodrigues Wambier e Eduardo Talamini, 16° ed., reformulada e de acordo com o novo CPC. São Paulo: Editora Revista dos Tribunais, 2016.

86. Sobre o tema consultar, p. ex., Vittorio Denti, In *Un projetto per la giustizia civile*. Bologna: Il Mulino, 1982.

a tarefa do processo judicial, além da solução do conflito, é, exatamente, atender os compromissos do direito constitucional e material[87].

Essa circunstância, por certo, demonstra, extreme de dúvidas, a inexistência de neutralidade na ordem jurídica legislativa, pois, em realidade, essa patrocina certos compromissos da sociedade e a jurisdição tende a essa situação se amoldar, daí a necessidade do processo ser compreendido como instrumento de operação da jurisdição e desse modo se comportar.

Assim, para bem absorver a ideia da ausência de imparcialidade, é necessário identificar os compromissos da ordem jurídica, pois a lei é, antes, um ato de vontade, decorrente de convicção, necessidade ou interesse do tempo de sua edição. Elementos que somente serão realmente desvendados – para usar expressão cunhada por MICHEL FOUCAULT – através de uma verdadeira "arqueologia do saber"[88], com o fito de identificar a história das ideias que fizeram nascer convicção, necessidade ou interesse. Essa situação, por evidente, reflete na construção do arcabouço processual.

---

87. Nessa linha, p. ex., observa Mauro Cappelletti, "La instrumentalidad del derecho procesal y, por ende, la técnica del proceso, impone sin embargo uma consecuencia de gran importância. Al igual de todo instrumento, también ese derecho y esa técnica deben en verdad adecuarse, adaptarse, conformase a la naturaleza particular de su objeto y de su fin, o sea a la naturaleza particular de su objeto y de su fin, o sea a naturaleza particular del derecho sustancial y a la finalidad de tutelar los institutos de ese derecho. Un sistema procesal será tanto más perfecto y eficaz, cuanto más sea capaz de adaptarse sin incoherencias, sin discrepâncias, a esa naturaleza y a esa finalidad." In *Proceso, Ideologias e Sociedad.* tradução de Santiago Sentís Melendo y Tomás A. Banzhaf, EJEA, Buenos Aires, 1974. Capítulo *Ideologias em el Derecho Procesal,* p. 5-6.

88. *Arqueologia do saber* (tradução de Luiz Felipe Baeta Neves). Rio de Janeiro: Forense-Universitária, 1986, págs. 155 e ss.

Desse modo, recomendável que sejam revisitados os conceitos de processo, pontuada a compreensão de ideologia e demonstrar, a partir dessas premissas, a clara diversidade de segmentos processuais a partir das ideias que integram este ou aquele sistema, face os compromissos ideológicos do direito material e, por decorrência, a necessária adequação que deve sofrer a disciplina processual.

4.2. O processo judicial

O que é o processo civil?

O ainda e sempre presente CARNELUTTI, em seu clássico livro intitulado Sistema de Direito Processual Civil, afirmou, muito embora de modo óbvio, na primeira linha da introdução que o "Direito Processual Civil significa o direito que regula o processo civil."[89]

O CPC de 1973, de sua parte, em sua exposição de motivos observa que "o processo civil é um instrumento que o Estado põe à disposição dos litigantes, a fim de administrar a justiça".[90]

Para bem compreender a ideia, adotada também pelo atual CPC, comecemos pelo que este não é. Nesta linha, deve ser dito que o direito processual civil, por evidente, não se resume num conjunto de dispositivos procedimentais, como assim se concluía ao tempo da fase cultural do processo chamada de praxismo[91].

---

89. Buenos Aires: Uthea, 1944. Tradução de NICETO ALCALÁ-ZAMORA E CASTILHO e SANTIAGO SANTÍS MELENDO.
90. Capítulo III, do Método da Reforma, I – Os modelos do projeto.
91. Sobre fases culturais do processo consultar, com largo proveito, MARCO FÉLIX JOBIM, In *Cultura, Escolas e Fases Metodológicas do Processo*. 3° ed. Porto

Deve-se, sempre, separar processo de procedimento. Este, como já exposto, se constitui na disciplina interna dos atos processuais. Aquele, de sua parte, é teleológico, portanto é meio para fim. Assim, enquanto um organiza o desenrolar dos atos judiciais o outro representa o modo pelo qual se busca certo resultado, face à necessidade posta à apreciação do juízo e a capacidade deste de prestar a tutela desdobrada nas projeções declaratória, condenatória, executiva, mandamental ou executiva *lato sensu*[92]. O processo é, pois, instrumento a serviço do direito constitucional e material infraconstitucional, através de seus institutos e o procedimento a disciplina organizacional dos atos deste e adequado à natureza da tutela pretendida.

O processo é, pois, meio de outorga da prestação jurisdicional, ou como o destacou FRITZ BAUR[93], a finalidade do processo é a conservação do ordenamento jurídico ou ainda, sob outro prisma, na palavra de ARAKEN DE ASSIS "mecanismo marcadamente civilizador (...) presidido por um órgão alheio ao objeto do litígio"[94] para solução dos conflitos.

Suas propostas, grosso modo, têm por fito definir o direito, através do chamado conhecimento, realizar o direito, pela via da chamada execução e assegurar o direito, através da tutela cautelar ou ordenar a realização do direito, pela via da tutela

---

Alegre: Livraria do Advogado Editora, 2016.

92. A gênese brasileira da classificação das tutelas disponíveis, como largamente sabido, encontra-se nas lições de PONTES DE MIRANDA, modo especial in *Tratado das ações*. RT, São Paulo, 1970.

93. *La socializacion del proceso*. Conferência proferida na Universidade de Salamanca, aula Miguel Unamuno, 1979 e publicada em 1980, pelo Departamento de Direito Processual na série "Conferências Acadêmicas" daquela Universidade.

94. *Processo Civil Brasileiro, vol. I: parte geral: fundamentos e distribuição de conflitos*. São Paulo: RT, 2015, p. 60.

mandamental ou executiva *lato sensu*. Portanto, define-se o direito, quando há dúvida sobre este; realiza-se o direito após a certeza em torno deste e assegura-se o mesmo, sempre que presentes certos requisitos que tornem a prestação jurisdicional necessária à preservação de determinado estado jurídico.

O procedimento, como dito, é organizacional e o processo teleológico. O procedimento é, pois, disciplina estruturante de atuação jurisdicional, modo de proceder, e o processo é instrumento na busca de um fim!

Assim, ao definir postular certo direito em juízo, a parte faz opção pelo processo como meio constitucionalmente adequado à resolução do conflito[95], adequando este a necessidade de definir, realizar ou assegurar sua pretensão. Esta opção, no Estado Constitucional Democrático, deve amoldar-se a um rito pré-determinado e, por decorrência, podendo ser definido como o devido procedimento legal que é aquele previsto por lei para a hipótese posta à apreciação do Poder Judiciário e que, por vezes, aqui ou ali, é confundido com o chamado devido processo legal insculpido na Constituição Federal como garantia matriz, sob o pálio da qual se inserem todas as demais garantias constitucional-processuais.

4.3. O conteúdo ideológico do processo

Ideologia é, conforme difundido em variados estudos, "a ciência da gênese das ideias"[96]. Um verdadeiro conjunto de

95. Excluída aqui a chamada jurisdição voluntária, onde não há conflito, mas comunhão de interesses.

96. Faz essa demonstração Luiz Fernando Coelho, in *Teoria Crítica do Direito*. Curitiba: HDV, 1986, p. 144.

ideias para a defesa de valores determinantes de uma corrente de pensamento, acarretando compromissos institucionais àqueles que a esposam. Esta é – objetivamente – representada por comportamentos vinculados ao conjunto de ideias e valores professados por determinado grupo.

Ideologia, também é preciso registrar, apresenta compreensão multifacetada, face suas projeções filosóficas, políticas, econômicas, religiosas e outras que tais[97]. Entretanto, de modo objetivo, pode ser resumida como um conjunto de ideias na defesa de determinados valores e/ou interesses, através dos quais se manifesta.

No plano jurídico, por óbvio, a ideologia também responde presente. Efetivamente, ao editar determinada lei, o legislador busca tutelar certo bem, valor ou interesse. Aliás, como adverte LUIZ FERNANDO COELHO, já na apresentação do resumo de seu trabalho antes referido "A ontologia do jurídico revela então que o direito, definido nos termos da concepção dogmática como direito 'positivo', pressupõe uma ideologia que o apresenta como ser real em si (...)"[98]. Desse modo, possível afirmar que na gênese de qualquer ato legislativo, por conseguinte, há defesa de posição. A lei, portanto, tem claramente compromissos ideológicos!

Assim é, quer em ato legislativo dirigido quando é contemplado direito exclusivamente à determinada categoria, grupo ou classe, quer quando vem de ser editado com a tarja de genérico, nunca esquecendo a oportuna observação de

---

97. Assim se vê do *Dicionário de Política*, de autoria de Norberto Bobbio, Nicola Matteucci e Gianfranco Pasquino, tradução de João Ferreira, Carmem C. Varriale e outros. Brasília, UNB, 1986. Verbete Ideologia de Mario Stoppino.

98. Idem.

MONTESQUIEU de que "as leis inúteis enfraquecem as leis necessárias"[99]

Dessa maneira, possível afirmar que também os Códigos, embora de propósitos gerais e necessários, possuem embutidos compromissos ideológicos, comumente chamados de princípios, sejam expressos ou implícitos, os quais servem para emprestar suporte à compreensão e interpretação adequada da ordem jurídica.

Nessa linha, a título ilustrativo, vale destacar os princípios da boa fé e da confiança no Código Civil ou o princípio da mais valia da liberdade no Código Penal, para registrar apenas alguns tradicionais. São, pois, compromissos institucionais dos sistemas jurídicos. Portanto, representam conteúdos ideológicos a serem considerados e respeitados.

No plano processual, *maxima venia*, não poderia ser diferente, na medida em que o processo serve à satisfação dos compromissos da ordem jurídica constitucional e infraconstitucional material e, por vezes, por lamentável que seja, aos interesses de uma classe política dominante, como destaca com propriedade VITTORIO DENTI, em capítulo intitulado *Il processo come struttura di potere*, no livro intitulado *Un projetto per la giustizia civile.*[100]

---

99. In *O espírito das leis* (tradução de Fernando Henrique Cardoso e Leoncio Martins Rodrigues). Brasília: UNB, 1982, p. 613.

100. *Un projetto per la giustizia civile.*, págs. 118 e ss. Assim, se pronuncia, o mestre peninsular "La risposta che può essere data a questo problema muove necessariamente dal rilievo che, negli stati moderni, il processo è una organizzazione di potere, caratterizzata dalla struttura formale del potere stesso, che tende ad estraniarsi daí contenuti che di volta in volta assume il suo esecizio, per porsi come fine l'attuazione dell'ordine come bene oggettivamente considerato. E poiché l'ordine, in um dato momento storico, coincide com l'assetto che allá

Assim, a construção do sistema processual deve levar em conta os compromissos ideológicos integrantes da ordem constitucional e infraconstitucional material que pretende tutelar, com o fito de gerar a sinergia necessária à efetivação do direito quando judicializado. Nasce, pois, com claros compromissos decorrentes da ordem jurídica que busca patrocinar.

Por conseguinte, se pode afirmar, com boa dose de certeza, que os Códigos e Legislações processuais esparsas também não são neutras. Não são, pois, isentas, vez que dirigidas, haja vista que devem apresentar sintonia capaz de chancelar os compromissos ideológicos que pretende tutelar. Suas regras e princípios devem buscar o prestígio dos compromissos assumidos. Nesta linha, p. ex., cumpre destacar o desequilíbrio que existe no Processo de Execução, pois é nítida a desigualdade entre exequente e executado. O exequente tem posição de domínio e o executado de sujeição, pois a ideia é privilegiar a satisfação do crédito.

A partir desse prisma, resta claro o conteúdo ideológico presente nas disciplinas processuais, vez que o direito como um todo, no mais das vezes, é assim concebido e, por óbvio, o processo não poderia ter comportamento diferente.

Nessa linha, cumpre destacar que a afirmação constitucional (art. 5°, *caput,* CF) de que todos são iguais perante a lei, merece filtragem na sua real compreensão, exatamente porque não são todos iguais perante todas as leis, isso por que este ou aquele ato legislativo muitas vezes privilegia certas

---

società è stato dato daí gruppi politici dominanti, attuazione dell'ordine significa coservazione del potere; e conservazione del potere significa, a sua volta, mantenimento dei privilegi che a favore dei gruppin dominanti ha consacrato l'ordinamento esistente."

circunstâncias tal como o tramitar preferencial do processo daqueles legalmente definidos como idosos. E o faz, na hipótese, validamente por que há particularidades que devem ser consideradas. Outras vezes, entretanto, por que propósitos ideológicos inconfessáveis afastam a neutralidade do legislador. Em razão desta hipótese, inclusive, vale lembrar a conhecida assertiva rotineiramente atribuída a OTTO VON BISMARCK "os cidadãos não poderiam dormir tranquilos se soubessem como são feitas as salsichas e as leis"[101].

Assim, cumpre destacar que o conteúdo ideológico do processo decorre dos compromissos assumidos pela ordem jurídica material. Desse modo, por via indireta, também afastam a neutralidade jurisdicional, vez que está o juízo – por regra – vinculado à proposta legislativa, muito embora deva esse oferecer paridade de tratamento às partes no curso do processo. Porém, ao julgar, deverá considerar os princípios que presidem os sistemas, circunstância que, por si só, derroga a imparcialidade material do juízo, a qual, por óbvio, não se confunde com a garantia constitucional da paridade de tratamento processual. Veja-se, como exemplo, o princípio da precaução nas demandas ambientais. Este, como sabido, apregoa a priorização do ambiente, ainda que em desfavor de outro direito.

Desse modo, pode se afirmar que o processo não é neutro sob o ponto de vista objetivo, haja vista que comprometido com o direito material, embora o seja sob o ponto de vista subjetivo, pela via da isonomia processual deferida às partes.

---

101. Sérgio Miranda in *A herança maldita de Fernando Henrique: análise crítica sobre a política socioeconômica do governo Fernando Henrique Cardoso,* pág. 39. Câmara dos Deputados, Centro de Documentação e Informação, Coordenação de Publicação. 2003.

4.4. A ideia de sistema processual

A identificação do real significado do conceito de sistema jurídico processual, ao que parece, até a presente data, não foi exaustivamente debatido pela doutrina, se comparado com outros ramos do direito[102]. Não pretendendo disputar espaço com juristas de nomeada (e muito menos com filósofos!) que, aqui ou ali, enfrentaram o tema sob o enfoque da teoria do direito, tais como HANS KELSEN, o consagrado mestre de Viena, que apresenta a distinção entre teoria[103] estática e dinâmica[104] ou NORBERTO BOBBIO que aponta três projeções distintas de seu significado. O fato é que se percebe em doutrina que o conceito de sistema tem muitos significados, sendo usado conforme conveniências de exposição, circunstância que importa em alguma imprecisão. Entretanto, aparece, por regra, como destaca o mesmo BOBBIO, como "uma totalidade ordenada

102. Veja-se, p. ex., SAVIGNY."§ LIX. – *De los diversos sistemas de clasificacion del derecho*. No entra en mi plan examinar la manera segun la cual cada autor ha concebido el encadeamiento de las instituciones del derecho y el órden en que las ha presentado; su apreciación excede en parte de los princípios que he tratado de establecer; sin embargo, creo de mi deber el señalar un capital error en esta matéria. Cuando se pretende abrazar el conjunto de las relaciones de derecho tal como funcionan en la vida real, no basta conecer el contenido de cada una de estas relaciones y su actual estado, sino que es preciso además estudiar el desarrollo de su organización; es decir, además del elemento permanente, la parte móvil de su naturaleza, lo que comprende su origen, su disolución, sus desenvolvimientos, sus transformaciones posibles, y sobre todo, la repressión de sus violaciones." In M.F.C. de SAVIGNY, in *Sistema del Derecho Romano Actual* (tradução de M. CH. Guenoux/ Jacinto Mesía e Manuel Poley). Madrid: F. Góngora y Compañia, Editores, 1878, p. 260, Tomo I.

103. Leia-se sistema. Isso por que o ilustrado autor compreende o direito como um sistema de normas.

104. In *Teoria Pura do Direito* (tradução de João Baptista Machado). Coimbra: Armênio Amado Editor, 1979, p. 110.

(...) num relacionamento de coerência entre si (...)"[105], representando, inclusive, no que se refere ao ordenamento jurídico, na ausência de normas incompatíveis, pois tem por função justamente outorgar coerência à ordem jurídica[106].

Não nos referimos, nessa linha, aos sistemas indutivos, presentes, por regra, nas exposições doutrinárias, onde a expressão não é usada para atestar que se desenvolveu um estudo científico, mas sim para indicar que no plano procedimental há uma disciplina, uma estrutura lógica para o debate judicial[107].

Assim, apenas com o propósito de, sob o prisma processual, organizar a compreensão do que representa, podemos afirmar que um sistema processual é, em *ultima ratio*, um conjunto de leis e princípios entre si organizados e que fundamentam racionalmente a proposta da ordem jurídica. É, pois, um todo organizado representado por um conjunto de ideias interdependentes e, portanto, vinculadas entre si com propósito determinado.

Desse modo, um sistema processual é representado pela construção de uma estrutura normativa lógica, coerente e apta à definição, realização ou asseguração jurisdicional do direito[108].

---

105. In *Teoria do Ordenamento Jurídico.* Brasília: UNB, 1995, p. 71.

106. Ob. cit. pags 71/81.

107. Veja-se, p, ex., o clássico de FRANCESCO CARNELUTTI, *Sistema de Derecho Procesal Civil* (tradução de NICETO ALCALÁ-ZAMORA Y CASTILLO e SANTIAGO SENTÍS MELENDO). Buenos Aires: Uthea, 1944.

108. Em sede de doutrina deve igualmente existir uma lógica de ideias, recaindo sobre o jurisconsulto o *encargo do argumento*, além da coerência. Expressão usada por ROBERT ALEXY in *Teoria da Argumentação Jurídica* (tradução de ZILDA HUTCHINSON SHILD SILVA). São Paulo: Landy Editora, 2001, p. 259 e ss.

Assim, p. ex., no processo de conhecimento o sistema (estrutura lógica) tem por fito definir o direito controvertido e para tanto necessita também de uma cadeia lógica e organizada de atos (procedimento) a serem praticados com tal propósito. Há, pois, imbricados entre si, sistema processual e sistema procedimental.

Dessa forma, o primeiro registro a ser feito é que hoje é possível identificar mais de um sistema, pois induvidosamente há variação de propósitos e de estrutura organizacional. Isto porque os sistemas são amoldados à área de especificidade de cada qual.

Com efeito, os sistemas processuais são definidos pelos propósitos e áreas de atuação. Cada qual possui suas necessidades, daí, embora seus fins assemelhados, possuem características próprias que os tornam independentes entre si, embora exista intenso diálogo entre os segmentos especializados.

Assim sendo, sistemas e ideologias andam de mãos dadas, pois jungidos por necessidades operacionais. O sistema será desse ou daquele modo, face seus compromissos ideológicos vinculados ao direito que visa tutelar. Existe, portanto, como regra, adequação sistemática a natureza do direito a ser posto em causa.

4.5. O CPC como produto de ideologias e o movimento sistêmico de especialização

Hoje, longe de dúvidas, são identificados claramente vários segmentos do direito processual. São exemplos: direito processual civil para tutela dos direitos individuais; direito processual coletivo; direito processual penal; direito processual do trabalho; direito processual para tutela dos direitos do consumidor; direito processual eleitoral, direito processual constitucional, dentre outras variações.

Tais ramos têm por objeto, cada qual em sua área de incidência, fazer valer, via jurisdição, o direito material que, ameaçado ou violado, necessita de amparo jurisdicional, em face da impossibilidade – salvo exceções admitidas pela ordem jurídica – de se fazer valer por desforço pessoal. Assim, o Estado é devedor de jurisdição sempre que o direito material for ameaçado ou violado, desde que exercida pelo interessado a atividade de convocar a jurisdição a atuar. Portanto, a jurisdição, muito antes de um poder de Estado, como sabido, é um dever do Estado-Judiciário perante o cidadão.

Assim, na plenitude da cidadania, a resposta jurisdicional é dever do Estado, sempre que este é instado a tanto.

Entretanto, como registrado no curso deste trabalho, o Estado não é neutro na prestação jurisdicional a que está obrigado, vez que a mesma deve ser prestada para satisfação do direito material ameaçado ou violado. Direito material esse que, também como já destacado, defende valores e interesses determinados, inclusive quando editado com rotulagem genérica.

O processo judicial – que é o instrumento pelo qual o Estado presta a jurisdição – deve apresentar sintonia fina com o direito material, aos efeitos de melhor desempenhar a função estatal de fazer valer a ordem jurídica.

Nessa linha, pois, como já afirmado, o processo também deve ser fiel aos compromissos existentes no direito que pretende ver garantido.

Por conseguinte, direito material e processo necessitam também de alinhamento ideológico para a busca de maior efetividade. Essa circunstância de modo claro responde presente hodiernamente, haja vista que cada vez mais o processo se segmenta e o faz em razão das necessidades materiais coetâneas.

Esse sintoma já de muito se percebe nos chamados procedimentos especiais, os quais são assim definidos – justamente – por dispensarem atenção procedimental particular a certas circunstâncias materiais.

E por que se outorgam técnicas processuais diferenciadas para determinados litígios?

Sobre tal indagação, pertinentes, em parte, as ponderações de PONTES DE MIRANDA: "Especialidade e rito processual. Procedimentos especiais são ditas as formas de procedimento para obtenção de tutela jurídica quando, por algum dado do direito material, ou do documento em que se funda a demanda, ou da pessoa autora, ao legislador pareceu ser inadequada a forma ordinária ou algumas regras jurídicas."[109]

E por que pareceu inadequado ao legislador – para determinadas hipóteses – a ordinariedade?

Diz o ilustrado mestre alagoano que por vários contaminantes, desde razões históricas que não nos permitem afastamento de resíduos romanos, germânicos ou canônicos que, na sua expressão, ainda "amontoam, no processo, idades diferentes."[110]

Sem dúvida, tais peculiaridades respondem presente na ideia de procedimentos especiais. Entretanto, *permissa venia*,

---

109. *Comentários ao Código de Processo Civil*, Tomo XIII. Rio de Janeiro: Forense, 1977, p. 3.

110. Idem.

faltou ao ilustrado jurista pátrio apontar para o conteúdo desses resíduos, os quais são, induvidosamente, ideológicos. Ou seja, representam os compromissos que desde então compõem os fundamentos da diferenciação na tutela do direito.

Hoje, contudo, por essas e outras razões, a situação se avolumou e podemos identificar vários segmentos ideológicos materiais a gerar necessidades processuais especiais.

Desse modo, podemos afirmar, p. ex., que o processo coletivo tem compromisso ideológico com a mais valia social, onde o coletivo sobrepõe-se ao individual; o processo do trabalho, tem compromissos com os direitos do trabalhador, assentado na máxima do *in dúbio pro misero*; o processo criminal, com a primazia da liberdade e o processo das relações de consumo com a proteção e defesa do consumidor.

Como se vê, claramente, existem compromissos antecedentes que afastam a neutralidade dos sistemas processuais, mormente quando especializado, o qual é especial, exatamente, por se encontrar vinculado a certos valores e interesses definidos antes no plano material. Portanto, nas suas regras de julgamentos estão embutidos valores e interesses dirigidos e determinados.

São exemplos de regras de julgamento que esposam ideologias determinadas: a distribuição do ônus da prova no CPC (art. 373, § 1°) e a possibilidade de inversão do encargo probatório expressado pelo Código de Proteção e Defesa do Consumidor (art. 6°, VIII) ou, no plano dos princípios, como já anteriormente registrado, o chamado princípio da precaução nos temas ambientais que, em verdade, representa a linha ideológica que estampa a dúvida em favor do ambiente natural.

Assim, pode-se afirmar que teleologicamente o processo deve respaldar a ideologia esposada pelo direito material que visa a tutelar.

Poder-se-ia, entretanto, argumentar em sentido contrário e apontar que nem todo o processo judicial tem compromissos ideológicos que desequilibram as relações internas das partes, haja vista que o processo civil clássico no segmento do Processo de Conhecimento, onde ambas buscam decisão de mérito – com seus aparentes propósitos Carneluttianos de justa composição da lide –, haveria neutralidade.

Ledo engano!

O saudoso mestre OVÍDIO ARAÚJO BAPTISTA DA SILVA, em seu extraordinário estudo adequadamente intitulado *Processo e Ideologia*[111], com a talento que sempre lhe foi peculiar, externa opinião capaz de enfrentar fortes correntes de pensamento, demonstra de forma irrebatível que o processo de conhecimento é fortemente influenciado por conteúdo racionalista, o qual dá suporte ao procedimento ordinário que, em *ultima ratio*, protege o réu, em face do longo caminho na construção da decisão final[112].

Com efeito, o pensamento racionalista, inspirado em RENE DESCARTES e seu conhecido Discurso do Método que apregoa a busca da certeza através da razão, influenciou culturalmente o processo civil e, por decorrência, ensejou, a ideologia que habita a alma do processo de conhecimento e as demandas de cognição plenária. Essa realidade, como observou OVÍDIO na obra acima citada"procurou fazer do

111. *Processo e Ideologia: o paradigma racionalista.* Rio de Janeiro: Forense, 2004.
112. Ob.cit. p. 27.

Direito uma 'ciência', sujeita aos princípios metodológicos utilizados pelas matemáticas." Ou seja, o racionalismo procurou transformar o direito numa ciência lógica na busca da certeza racional.

Talvez, também por esse fundamento se possa compreender o pesado encargo probatório historicamente imposto ao autor e agora, em alguma medida, atenuado pelo novel CPC com a adoção da teoria do ônus dinâmico da prova (art. 373, § 1°). Sem considerar, acrescemos nós, as claras regras de benefício ao Estado em detrimento da parte privada, seja esta pessoa física ou jurídica, tais como os prazos diferenciados, os quais, induvidosamente, estampam o desejo de proteger um Estado excessivamente controlador, vez em que imiscuído em muitas atividades onde não deveria estar.

E o processo constitucional?

Antes de tratar desse segmento do direito processual, oportuno um registro. A presença de compromissos ideológicos nos sistemas processuais atuais não quer dizer que seja sempre ruim ou nocivo. Apenas ilumina a existência de opções e conscientiza a relevante circunstância da ausência de neutralidade, na medida em que o processo é dirigido à tutela jurisdicional de certo compromisso, no mais das vezes, em conformidade com os anseios sociais.

No que diz respeito ao processo constitucional, considerando a duplicidade de conteúdo processual da Constituição Federal, desfruta de duas facetas distintas.

Com efeito, como já exposto ao longo do presente trabalho, ora é nitidamente instrumental, ora endoprocessual. Configura a primeira hipótese quando, p. ex., institui o Mandado de Segurança, Ação Civil Pública, o Mandado de Injunção ou quando disciplina regras de competência e legitimidade, dentre outras hipóteses. Na segunda perspectiva tem um traço peculiar, pois projeta sua incidência para todos os ramos do processo judiciário, através da instituição de direitos para serem exercidos no processo ou em razão do processo, tais como a ampla defesa, contraditório, motivação das decisões e outras garantias constitucional-processuais.

Assim, quando instrumental, sua mais valia está na adequação ao direito protegido, pois seu compromisso ideológico é de fazer valer proteção especial ao cidadão pelo Estado. Na hipótese, p. ex., do Mandado de Segurança, deve o juízo sempre privilegiar em sua decisão o direito chamado líquido e certo, ainda que para tanto seja necessário desconsiderar outros valores e interesses que integram o conflito. Ao cidadão basta afirmar: assim é a lei. *It's the law*!

De outro lado, cumpre destacar que o compromisso do processo constitucional, no segmento endoprocessual, ou mais precisamente do devido processo constitucional é com a plenitude da cidadania, decorrente do Estado Constitucional Democrático. Este um lado claramente saudável da ideologia presente no processo, pois não pode e não deve o juízo a pretexto de realizar justiça, deixar de assegurar à parte o gozo das prerrogativas constitucionais inerentes ao Estado de Direito, ainda que isto importe em decisão concretamente injusta, pois mais vale a preservação da plenitude da cidadania processual do que a sanção individual correta, porém constitucionalmente viciada. Está em jogo algo maior do que a correção do caso concreto. Está, em verdade, em causa, a segurança democrática do Estado Constitucional que é capaz de suportar a incorreção de decisão individual em favor da preservação da ordem jurídica constitucional democrática.

Isso significa, como já afirmado, que aquele que vai a juízo não comparece desamparado, vez que na plenitude da cidadania desfruta de uma série de garantias inerentes a essa condição e, portanto, é compromisso desse segmento processual fazer valer a plenitude da cidadania em qualquer segmento do direito processual.

Portanto, após estas considerações, razoável concluir que nem legislador e nem juiz são totalmente neutros[113], vez que a atividade do primeiro reflete a positivação de interesses e valores escolhidos e a do segundo, ao fazer valer através da jurisdição os valores e interesses positivados pela ordem jurídica, igualmente, ainda que de modo indireto, resta por prestigiar os mesmos propósitos ideológicos, os quais, por vezes são claros e, por vezes, lamentavelmente, não[114].

Ideologicamente transparente, por mais surpreendente que pareça, é o cidadão ao postular em juízo a aplicabilidade de uma lei, pois o faz na defesa direta de seus interesses, sem ter a necessidade de realizar indagações em torno das razões políticas inspiradoras da lei, como, aliás, argumenta

113. Cumpre, aqui, destacar novamente a lição de MAURO CAPPELLETTI, ao discorrer sobre ideologia na ordem jurídica: "Ideologías, enteiéndase bien, no tanto en el sentido 'particular' y deterior enmascaramiento y contrafacciones e intereses reales, o en sentido marxiano de dogmas falsos y pensamiento falso, como en el sentido de razones y condicionamientos sociales y culturales que en un determinado contexto histórico están y operan en la norma y en el instituto, en la ley y en el ordenamiento, como también en la interpretación y en general en la actividad de los jueces y de los juristas.

114. Muito embora, como destaca DENNIS LLOYD, in *A ideia de lei*. São Paulo: Martins Fontes, 1985, no título *O efeito da política públ*ica, p. 237, que "Tão inabalável é a relutância dos juízes em admitir que sua função esteja, de algum modo, poluída por decisões políticas – uma vez que sua obrigação é dizer o que a lei é e não o que devia ser...".

RONALD DWORKIN[115] ao afirmar que as reivindicações judiciais são feitas independente de suposições em torno da sabedoria da lei.

115. *Uma questão de princípio* (tradução de LUÍS CARLOS BORGES). São Paulo: Martins Fontes, 2001, capítulo 3. Intitulado *Princípio, política, processo,* p. 108.

5. VETORES IDEOLÓGICOS DO SISTEMA PROCESSUAL CONTEMPORÂNEO

É possível afirmar que há um novo sistema processual. Não porque exista um novo código em vigor ou porque foram editadas novas regras, mas sim por estarmos diante de novas ideias. Nessa linha, o CPC estabelece claramente os propósitos ideológicos que persegue no sentido de dar cumprimento a alguns objetivos identificados como adequados à ordem jurídica processual contemporânea. Dentre esses merecem destaque:

5.1. A constitucionalização formal do processo civil

A Constituição Federal, como já repetidamente apontado, possui conteúdo nitidamente processual e este repercute decisivamente na compreensão (repito: compreensão!) do direito processual civil contemporâneo.

Nessa linha, cumpre assinalar que o conjunto das garantias oferecidas pelo Estado Constitucional Democrático ao cidadão representa um verdadeiro direito processual fundamental que – por óbvio – permeia todos os sistemas vigentes e, como decorrência, estabelece a existência de um verdadeiro sistema processual matriz a reger todos os desdobramentos do direito processual. Ou seja: fixa a incidência de primados constitucionais em todas as disciplinas processuais especializadas e especialmente no processo civil[116].

De outro lado, como sabido, face às notórias deficiências do sistema processual civil de 1973, foram empreendidas várias reformas no Código de Processo Civil de então, através da edição de um conjunto significativo de leis esparsas que modificavam e/ou introduziam institutos na ordem jurídico-processual civil. Muitos de extraordinário reflexo na condução dos processos judiciais (p. ex. o instituto da antecipação da tutela), outros nem tanto, contudo, sempre, uns e outros, na busca de um processo apto a dar a resposta que a sociedade coeva espera da ordem jurídica processual.

Eram tantas as reformas legislativas que acompanhá-las se constituía num verdadeiro desafio para o profissional do direito. Entretanto, o maior desafio, para a comunidade jurídica, *maxima venia*, não é acompanhar as reformas legislativas (ainda que sejam significativas!), mas é repensar o processo como instrumento preponderantemente de realização dos propósitos constitucionais e não apenas como instrumento de realização do direito material infraconstitucional.

Nesse passo, emerge a necessidade de (re)compreender o processo civil contemporâneo, como forma de promover a solução dos conflitos de interesses sintonizada com os ideais constitucionais.

---

116. Tema já exposto e debatido in *A Regência Constitucional do Processo Civil Brasileiro e a Posição do Projeto de um Novo Código de Processo Civil.* Revista Síntese de direito Civil e Processual Civil 72/64.

A grande reforma havida, pois, não está na simples mudança legislativa, por mais profícua que essa possa ser, mas sim na mudança de pensamento, no modo de compreender a função do processo civil moderno. Nessa linha, cumpre observar que a maneira mais fiel de compreendê-lo no Estado Constitucional Democrático, é, exatamente, interpretá-lo e aplicá-lo conforme os ideais constitucionais.

Assim, possível afirmar que o processo civil é composto de regras processuais próprias do microssistema que é, tal qual o direito processual penal, o direito processual do trabalho, ou o processo pertinente a outros segmentos do direito. Entretanto, muito embora as particularidades de cada ramo do direito processual, existem, além e antes destas peculiaridades, primados de ordem constitucional fundamental que iluminam o real entendimento que deve ser dispensado às regras processuais.

Desse modo, pouco importa em que área de incidência e qual a disciplina processual presente, aos demandantes deve ser assegurado o gozo de certos direitos inerentes ao devido processo da ordem jurídica do Estado Constitucional Democrático, tais como a ampla defesa, o contraditório, o direito à vedação a prova ilícita, a fundamentação das decisões, a publicidade, o exercício do duplo grau de jurisdição e tantos outros expressos ou implícitos na Constituição da República Federativa do Brasil.

Esses, vez que contemplados na Constituição, compõem um verdadeiro sistema processual matriz que, como dito, regula todos os microssistemas processuais e, por decorrência, sobre esses incide e faz valer seus comandos, ou seja, no processo civil, modo especial, de nada vale deferir prazo de resposta ao réu se a seguir lhe é negado direito a plenitude de defesa nos termos da proposta constitucional, pois o direito de resposta deve, acima de tudo, amoldar-se exatamente aos propósitos da garantia constitucional-processual fundamental, ainda que esta possa, aqui ou ali, sofrer mitigação, face esta ou aquela particularidade do caso concreto.

Dito de outro modo, o macrossistema processual que é representado pelo direito processual fundamental entretém relações com os demais microssistemas processuais existentes, pois estes devem se amoldar àquele, pena de – se assim não for – gerarem vícios de ordem fundamental- processual, em face de violação à Constituição, e, por consequência, invalidades na forma de prestar a adequada jurisdição.

Dessa maneira, possível inferir que existem relações estreitas e energizadas entre Constituição e Processo. Mais do que isto: existe subordinação da microdisciplina processual a macrodisciplina constitucional-processual.

Há, portanto, um grande sistema de índole constitucional-processual voltado para o processo judicial e instituído obviamente pela Constituição Federal. Esse tem por função reger todos os microssistemas processuais, modo especial o processo civil, que deve a ele estar amoldado, sob pena de violação da grande cláusula do Devido Processo do Estado Constitucional Democrático, chamado pela Constituição de Devido Processo Legal (5°, LIV) ou redefinindo mais adequadamente sua denominação: Devido Processo Constitucional.

Posição, hoje, como já anotado, acentuada pelo Código de Processo Civil, quando este na sua estruturação, no Livro I, Título I, dedica o Capítulo I aos Princípios e Garantias fundamentais do Processo Civil e reproduz, com adequações, várias garantias de índole originariamente constitucional. Porém, mais do que isto, em seu artigo primeiro, expressamente aduz que *o processo civil será ordenado, disciplinado e interpretado conforme os valores e os princípios fundamentais estabelecidos na Constituição da República Federativa do Brasil.*

5.2. Ressistematização estrutural do Código de Processo Civil

O CPC de 1973 foi construído com uma lógica determinada, distribuída em cinco livros distintos. Livro I, Processo de Conhecimento, cuja finalidade era de definir o direito controvertido. O Livro II, Processo de Execução que tinha por propósito realizar o direito. O Livro III, Processo Cautelar, cuja finalidade era de assegurar o direito. Livro IV, Procedimentos Especiais que tinha por escopo disciplinar demandas diferenciadas de jurisdição contenciosa e procedimentos especiais de jurisdição voluntária e, finalmente, Livro V, que tratava das disposições finais e transitórias.

O CPC de 2015 trabalha com premissa diversa e, por decorrência, deixa de ter V Livros e tem estrutura operacional adequada à sua proposta. Com efeito, divide-se em Parte Geral que se subdivide em VI Livros, Parte Especial, com III Livros e Livro Complementar que disciplina as disposições finais e transitórias.

Essa ressistematização conta, dentre outras hipóteses, p. ex., com a supressão de livro próprio para o Processo Cautelar e passa a tutela cautelar a existir dentro do gênero tutela provisória. Isto, evidentemente, não faz desaparecer as medidas cautelares, mas as recoloca dentro de seu perfil científico mais adequadamente, vez que tutela provisória que tem por fito assegurar o direito.

Essa posição, em nosso sentir, afastará algumas deformações com as quais a praxe forense vinha convivendo, tais como a ideia de "ação cautelar satisfativa", pois não são poucas as lições doutrinárias que esclarecem que aquilo que satisfaz não é cautelar e o que é cautelar não satisfaz definitivamente[117]. Assim, de todo relevante conhecer e compreender a nova estrutura codificada para o processo civil brasileiro, pois isto, longe de dúvida, facilita a operação e desembaraça a construção e solução de demandas.

5.3. Realinhamento da função cultural do processo civil

O processo civil como ciência, obviamente, tem desempenhado papel ajustado com seu tempo, ou seja, reflete a cultura jurídica do momento vivido. Assim, desde que identificado como ramo de ciência jurídica, já desempenhou funções distintas, vez que vivenciou fases culturais adequadas a cada momento de sua história, como se viu no início deste trabalho.

Diante dessa realidade, pode se afirmar que a compreensão da perspectiva histórica propicia, exatamente, uma visão ajustada do fenômeno contemporâneo, pois como afirmou Carnelutti, em seu consagrado Sistema de Direito Processual Civil, não basta a ciência, sem história.

Nessa senda, conhecer a história, importa em fortalecer as bases teóricas para melhor entendimento da proposta processual abrigada pela ordem jurídica coetânea. Assim, a disciplina

---

117. Nessa linha, p. ex., BAPTISTA DA SILVA, Ovídio Araújo. In *Curso de Processo Civil: processo cautelar (tutela de urgência)*. V. 3, 3° ed. São Paulo: RT, 2000, p. 85.

processual vivenciou, como já exposto, o chamado praxismo, o processualismo e a instrumentalidade.

De outro lado, como afirmado, é irrefutável que o CPC atual formalizou a busca da primazia dos valores constitucionais como função prioritária do processo, hipótese não expressamente prevista no sistema anterior, embora parcela expressiva da doutrina claramente defendesse a natural tarefa constitucional do processo civil.

Assim, com a formalização do escopo constitucional do processo civil coevo, como afirmado, inauguramos definitivamente uma nova fase para a função processual. Entretanto, não deixou o processo de ser instrumento de realização do direito. Contudo, mais do que em qualquer tempo, hoje, instrumento de realização de propostas constitucionais, daí possível afirmar que este é instrumento prioritariamente a serviço dos valores constitucionais. E, como tal, sofreu realinhamento cultural. Portanto, o Código de Processo Civil de 2015 formalmente inaugurou a fase da instrumentalidade constitucional.

5.4. Incentivo à conciliação

O incentivo à conscientização da cidadania plena, somado à garantia constitucional do acesso à justiça, se, de um lado, representa inegável aperfeiçoamento da sociedade, de outro, provocou verdadeira avalanche de demandas em juízo.

O volume de demandas, de seu turno, iluminou intensamente a circunstância de que o Poder Judiciário não dispõe de estrutura capaz de fazer frente aos litígios de diversos matizes próprios da sociedade contemporânea. Daí nasce uma das situações mais preocupantes em torno da utilidade do processo, em face da inaceitável morosidade da prestação jurisdicional, que naturalmente deságua na ausência de efetividade.

Consequência disso, passou-se a voltar os olhos para formas alternativas de composição dos litígios e, por decorrência, ganhou espaço, dentre outras soluções, a ideologia de apostar na eficiência da conciliação, vez que esta já se revelou exitosa e promissora.

Assim, como resultado do quadro acima exposto, o CPC atual, em guinada radical face à disciplina do CPC de 1973, elegeu a conciliação como a forma prioritária de solução de conflitos de interesses.

Essa opção ideológica aflora com clareza invulgar quando se vê a instituição de audiência prévia ao debate judicial, em reconhecimento a eficiência e conveniência da conciliação dos litígios e, bem assim, quando estabelece a criação de órgão de mediação.

Já de algum tempo se percebe na atividade forense o incentivo à conciliação, tais como retratada em conhecido trabalho desenvolvido a partir do projeto de negociação da Universidade de Harvard, que resultou no livro de WILLIAN URY, ROGER FISCHER e BRUCE PATTON[118]. Esses ilustres estudiosos recomendam que na busca de solução conciliatória devemos separar o problema das pessoas; recomendam, por igual, como técnica adequada, a concentração nos interesses e não na posição dos envolvidos e criar soluções que satisfaçam a todos. Em linha similar, no Brasil, merecem destaque, p. ex., os trabalhos de PETRÔNIO CALMON[119] e PAULO

---

118. *Como chegar ao sim! A negociação de acordos sem concessões.* Imago, 3° ed., 2014.

119. *Fundamentos da Mediação e da conciliação.* Rio de Janeiro: Forense, 2007.

VALÉRIO DAL PAI MORAES/MÁRCIA AMARAL CORRÊA DE MORAES[120].

Também, em linha similar, se percebe preocupação dos entes públicos, como atesta a edição de vanguarda do *Manual de negociação e mediação para membros do Ministério Público.*[121]

Portanto, necessariamente a atuação dos operadores deverá sofrer adequação à nova realidade. Ajustar uma solução equilibrada passa a ser a preferência da ordem jurídica processual e, apenas, se esgotadas as tentativas para a solução de consenso é que a marcha processual remeterá à jurisdição à solução do conflito.

5.5. Prestigiamento de posições consolidadas

O CPC, dente outras variações, lança o desafio de instituir uma espécie de efeito "commonlawlizante" ao sistema do *civil law* brasileiro, através da outorga de alguma previsibilidade às decisões jurisdicionais, no sentido de oferecer maior segurança jurídica ao jurisdicionado.

Assim, de certa forma revisando o sistema do CPC de 1973, o qual deferia absoluta autonomia ao juízo, o novo processo civil com o fito tanto de abreviar a prestação jurisdicional no tempo, quanto de tornar a segurança jurídica mais eloquente, instituiu o princípio da valorização das decisões jurisdicionais consolidadas.

---

120. *A negociação* ética *para agentes públicos e advogados: mediação, conciliação, arbitragem, princípios, técnicas, fases, estilos e* ética *da negociação*. Belo Horizonte: Fórum, 2012.

121. Brasil. Ministério da Justiça. Escola Nacional de Mediação e Conciliação. 2014.

É exemplo eloquente deste desiderato exatamente a força cogente que se pretende outorgar às chamadas súmulas vinculantes, igualmente o efeito vinculante às decisões dos incidentes de resolução de demandas repetitivas e recursos repetitivos.

Isso, objetivamente, traduz o desejo de outorgar força cogente ao precedente jurisdicional brasileiro, vinculando a decisão de instância inferior às decisões das instâncias superiores, hipótese bem definida por MARINONI como precedente obrigatório[122].

Essa circunstância, além de contribuir com a celeridade da prestação jurisdicional, tem por escopo, pela via da previsibilidade, prestigiar a segurança jurídica.

É bem verdade que, como sabido e já registrado, há intenso debate na doutrina em torno da constitucionalidade da proposta do CPC, especialmente frente à circunstância de que a função do Poder Judiciário é de julgar casos concretos e não emitir enunciados destituídos de suporte fático como se lei fossem[123]. Muito embora essa discussão, o fato é que, ideologicamente, o CPC optou por prestigiar posições jurisdicionais consolidadas e, por decorrência, outorgar maior segurança jurídica à sociedade a partir de soluções jurisdicionais.

---

122. MARINONI, Luiz Guilherme. In *Precedentes Obrigatórios.* São Paulo: RT, 2011. Igualmente sobre o tema do mesmo autor *A ética dos precedentes.* São Paulo: RT, 2014. *Julgamento nas Cortes Supremas – Precedente e decisão do recurso.* São Paulo: RT, 2015. Ainda sobre o assunto dos precedentes no direito brasileiro, consultar, com largo proveito, também ZANETI JR. Hermes. In *O valor vinculante dos precedentes.* Salvador: *Jus*PODIVM, 2015. ARRUDA ALVIM WAMBIER, Teresa (coordenadora). *Direito Jurisprudencial.* São Paulo: RT, 2012.

123. Nessa linha, Nery e Nery, *Comentários ao Código de Processo Civil.* São Paulo, RT: 2015. Comentários ao art. 927, p. 1.836.

5.6. Racionalização da prestação jurisdicional através da ampliação de sua área de eficiência

Diante de uma realidade que se revelou inaceitável, frente aos notáveis prejuízos decorrentes da morosidade da prestação jurisdicional, o novo sistema busca combater tanto o risco da falta de isonomia na solução dos conflitos de interesses postos à apreciação do Poder Judiciário, quanto a injustificável individualização de demandas de potencial massivo.

Com efeito, é exemplo característico de racionalização para a maior eficiência da prestação jurisdicional o instituto do incidente de resolução de demandas repetitivas (art. 976 e ss) e o sistema dos recursos repetitivos, na medida em que as demandas de conteúdo jurídico idêntico merecerão decisão uniforme quanto ao tema jurídico.

Assim, o propósito é, através da outorga de eficácia *ultra partes*[124] à decisão[125], evitar que demandas individuais com potencial massivo, provoquem tanto um tormentoso congestionamento na prestação jurisdicional, como a insegurança e desconforto decorrente de soluções diferentes para casos juridicamente idênticos, acarretando, pois, clara quebra de isonomia.

Merece, sem dúvida, aplauso a iniciativa, vez que permitirá tanto isonomia de solução, ou seja, demandas de conteúdo jurídico idêntico receberão decisão idêntica, como ampliará a

124. Sobre o tema da eficácia *ultra partes* das decisões consultar com alto proveito o clássico e conhecido estudo de FEDERICO CARPI: *L'Efficacia 'ultra partes'* della Sentenza Civile. Milano: Giufrrè, 1974.

125. Nessa toada, v., p. ex., PORTO, Sérgio Gilberto. In *Apontamentos sobre duas relevantes inovações no projeto de um novo CPC.* Revista Jurídica 401/49, 2011.

área de eficiência da prestação jurisdicional, pois ao invés de resolver um único conflito, a decisão solucionará o conjunto de demandas em torno da mesma situação jurídica.

5.7. Redução do espaço recursal

O CPC atual, com o fito de outorgar maior celeridade à prestação jurisdicional, tratou de enfrentar alguns pontos que clara e injustificadamente contribuíam para a morosidade, tal qual, p. ex., a hipótese de recursos de mesma instância.

Assim, com o fito de reduzir espaço na atuação recursal, foram extirpados do sistema atual os Embargos Infringentes e o Agravo Retido que existiam no sistema anterior e para assim se concluir basta a leitura do artigo 994, do CPC que – expressamente – define quais são os recursos cabíveis no novo sistema. No dispositivo não há referência aos recursos referidos, portanto, como afirmado, restaram excluídos do sistema recursal, muito embora fossem de largo uso na vigência do código anterior.

Foi, pois, adotado pelo atual sistema o *princípio da taxatividade recursal*[126] e isso importa dizer que aqueles que não estão expressamente previstos não são disponibilizados às partes.

Entretanto, muito embora, a clara supressão dos Embargos Infringentes que deixou de existir como recurso típico, foi introduzida a técnica substitutiva de julgamento estendido, com ampliação de colegiado, estampada no art. 942, do CPC para superação de decisão não unânime.

---

126. Assim, p., ex., NERY JÚNIOR, Nelson e ANDRADE NERY, Rosa Maria de. In *Comentários ao Código de Processo Civil*. São Paulo: RT, 2015, p. 2002.

Ainda que possa sofrer críticas, essa nova realidade, por certo, contribuirá – ainda que timidamente – para abreviar no tempo a prestação jurisdicional de segundo grau, vez que, por óbvio, deixa também de existir o tempo morto do procedimento ínsito ao processamento dos embargos infringentes que importava em distribuição, novo relator, publicação de pauta e sessão de julgamento específica. Há, pois, *permissa venia*, afastamento de algum tempo morto, ínsito ao procedimento do recurso de então, sendo, portanto, justificável a medida adotada, vez que em consonância com o propósito da busca de celeridade, através da supressão de pontos de estrangulamento da prestação jurisdicional.

Necessário, de outra banda, também, registrar que foram expressamente estabelecidas as hipóteses de cabimento do recurso de Agravo de Instrumento, o qual deixou de contemplar regime aberto que permitia que qualquer decisão interlocutória fosse atacável e passou a contemplar, na linha do espírito ideológico do novo sistema recursal, regime fechado. Por conseguinte, taxativo e não meramente exemplificativo.

O engessamento proposto ao manejo do recurso de Agravo de Instrumento, como era de se esperar, em face da forte influência cultural do sistema anterior, já está a gerar polêmica. Com efeito, o STJ, através de manifestação do Ministro Luiz Felipe Salomão, em tema de fundo referente à competência, entendeu por bem admitir recurso de Agravo de Instrumento contra decisão não expressamente elencadas nas hipóteses de cabimento, segundo noticia o próprio o STJ[127].

127. http://www.stj.jus.br/sites/STJ/default/pt_BR/Comunica%C3%A7%C3%A3o/ noticias/Not%C3%ADcias/Mesmo-sem-previs%C3%A3o-no-

Abre-se, pois, com tal entendimento, como era de se esperar, polêmica hermenêutica em torno do alcance do conteúdo artigo 1.015, do CPC.

Com efeito, a decisão proferida no REsp nº 1679909 alinha-se com orientação que abre dissidência à ideia da taxatividade, vez que admite que o rol constante do artigo que regula a espécie é exemplificativo, contemplando, portanto, regime aberto. Por certo, novas manifestações, sejam doutrinárias e/ou jurisprudenciais, apontarão o caminho que se sedimentará. Contudo, com mais respeitosamente vênia ao entendimento esposado pela decisão referida, acolher esta orientação significa admitir que nada mudou e, não bastasse isso, importa em violar uma das propostas ideológicas do novo sistema que é exatamente de restringir os limites da atuação recursal.

5.8. Combate a jurisprudência defensiva

No capítulo dos Recursos há sintomas de uma saudável iniciativa de combate a chamada – e socialmente nociva – jurisprudência defensiva.

Entenda-se por essa, modo geral, aquela dedicada a identificar defeitos procedimentais ou empecilhos de qualquer natureza que inviabilizem o conhecimento de recurso e, por decorrência, acarretem o afastamento do juízo do exame do mérito da causa. Essa é uma realidade lamentavelmente presente no seio do STJ, ainda que se possam identificar justificativas para esse comportamento que, grosso modo, traz, embutido em si, a ideia de que recurso com deficiências formais não deve

---

-novo-CPC,--cabe-agravo-de-instrumento-contra-decis%C3%A3o-interlocut%C3%B3ria--relacionada-%C3%A0-compet%C3%AAncia.

ser conhecido, vez que essa é justamente uma das funções do juízo de admissibilidade de natureza extraordinária.

Entretanto, nos dias de hoje, mesmo em juízo de admissibilidade, é inaceitável a conduta de desenvolver a magna atividade jurisdicional garimpando erros procedimentais e/ou formulários e, com base nestes, apresentar solução terminativa, como se este proceder estivesse em conformidade com a justa jurisdição prometida pela Constituição Federal.

Com o fito de amenizar essa lamentável realidade pré-existente, os artigos 1.007, § 7° e 1.029, § 3°, do CPC possibilitam a superação de erros formais e, como tal, abrem espaço para mitigar a conduta dos tribunais que, por vezes, possivelmente atordoados com o volume de demandas, têm se inclinado ideologicamente por obstar exame de mérito, deixando assim de cumprir a natural função do ofício jurisdicional de oferecer solução ao conflito material posto à apreciação.

A ideia do CPC é permitir seja deferida oportunidade à parte a fim de que esta possa corrigir eventual equívoco de pequena repercussão e, como consequência, possa igualmente o Poder Judiciário dar maior atenção à solução do conflito de interesses posto à apreciação. Com efeito, o artigo 4º, em sintonia com essa ideia, é claro ao estabelecer que as partes têm o direito de obter em prazo razoável a solução integral do mérito. Com isso, demonstra de forma cabal que deve o juízo privilegiar solução de mérito.

Essa posição, aliás, vem ao encontro de propósitos constitucionais que respondem presente na gestão do Poder Público, em qualquer de seus segmentos e não apenas na atividade administrativa, tais os da economicidade (art. 70, da CF) e o da eficiência (art. 37, da CF), haja vista que a decisão meramente terminativa – ainda que processualmente possível –, poderá ensejar nova discussão sobre a mesma causa (art. 486, do CPC) e, por decorrência, demonstrar absoluta ineficiência frente a controvérsia, pois não pacifica as relações sociais mantendo pendente o conflito de interesses, bem como atenta contra a economicidade, haja vista que a incapacidade de impedir a repetição da mesma demanda corrigida nos vícios formais induz a novo custo de operação.

Desse modo, no conflito entre a presença em concreto de vícios procedimentais de fácil superação e a recomendação legal de privilegiar solução de mérito, deve prevalecer, por evidente, a superação das irregularidades de procedimento, sob pena de configurar violação dos princípios constitucionais da eficiência e economicidade, pois no balanceamento dos valores em conflito, deverão prevalecer estes em detrimento daqueles. Essa, e não outra, a opção ideológica do sistema processual!

5.9. Inibição a recursos infundados

Sob o argumento de que em caso de recurso haverá trabalho adicional do advogado, o CPC estabelece a majoração cogente da sucumbência em sede de recurso, consoante disciplina o § 11°, do artigo 85. Institui, pois, verdadeira sucumbência recursal. O propósito, entretanto, com a devida vênia, não é exclusivamente ampliar a remuneração, mas, mais do que isto, no alinhamento ideológico do CPC, busca inibir recursos abusivos[128].

---

128. Nesse sentido são as lições de NERY JUNIOR, Nelson e NERY, Rosa Maria de Andrade. In *Comentários ao Código de Processo Civil.* São Paulo: RT, 2015, 437.

Como dito, ainda que a novel ordem processual apresente a ideia de majoração da sucumbência vinculada ao fundamento do maior trabalho desenvolvido pelo vencedor, aquilo que em verdade busca o novo sistema é inibir recursos abusivos e infundados, pois determina que a situação do recorrente perdedor seja agravada. E o faz, como se disse, na esperança de que os recorrentes contumazes reflitam sobre as consequências de seu proceder ao apresentarem recursos que, em muitas das vezes, sabem não ter chance de sucesso.

A linha adotada consagra, pois, o propósito mais amplo de estabelecer freios no uso do arsenal recursal, haja vista que um dos fatores que tem contribuído para a morosidade da solução jurisdicional decorre, justamente, da cultura recursal decorrente da garantia constitucional do duplo grau de jurisdição[129].

A proposta ideológica do CPC, portanto, aponta claros sinais de intervenção restritiva no exercício da garantia do duplo grau. Nesse sentido, p. ex., a limitação imposta às hipóteses de cabimento do recurso de agravo de instrumento que abandona a ideia de regime aberto.

5.10. Vedação a motivação genérica e abstrata

A nova ordem legislativa introduz, como já visto, mudanças significativas no sistema do processo judicial. Dentre essas, sem dúvida, os critérios de compreensão e aplicabilidade da exigência constitucional-processual de fundamentação das decisões tem significativa repercussão nos desdobramentos

129. Nesse sentido são as lições de NERY JUNIOR, Nelson e NERY, Rosa Maria de Andrade. In *Comentários ao Código de Processo Civil.* São Paulo: RT, 2015, 437.

processuais, vez que reduzem o espaço de discricionariedade jurisdicional e obrigam o juízo a ser preciso na explicitação de seus argumentos ao decidir, seja nas interlocutórias, sentenças ou acórdãos.

Com efeito, passa a ser vedado, p. ex., o uso de mera reprodução de ato normativo, de conceitos indeterminados, de motivos genéricos e, bem assim, a rejeição ou aceitação de precedente se não for expressamente explicitada as razões de incidência concreta na causa (489, § 1°).

Essa exigência, por si só, gera um maior compromisso na compreensão e solução da demanda, vez que obrigará o juízo a explicitar objetivamente a vinculação dos argumentos à fundamentação da causa apreciada. Assim, não basta argumentar apontando razões na decisão, mas passa a ser necessário apontar expressamente os vínculos das razões a demanda e também a decisão.

A nova disciplina, pois, em combate à massificação de decisões, impõe amarras dialéticas ao juízo, exigindo clara e intensa dialeticidade com os fundamentos da causa, inclusive o obrigando a enfrentar todos os *argumentos* postos pelas partes, disciplinando a compreensão de iterativa jurisprudência que o isentava de tal comprometimento.

Nesse particular, merece registro especial o inciso IV, § 1°, do artigo 489, do CPC, o qual aduz que não se considera fundamentada a decisão que não enfrentar todos os *argumentos,* capazes de infirmar a conclusão adotada pelo julgador.

A melhor leitura do dispositivo, entretanto, não parece ser aquela que obriga ao juízo enfrentar qualquer *argumento*, mas apenas, como o texto claramente aponta, somente aqueles capazes de invalidar a decisão, por isso, *maxima venia,* não foi bem o legislador ao fazer constar no dispositivo a expressão *argumentos*. Melhor teria sido o uso da expressão *fundamentos*, vez que estes sim, por si só, são capazes de representar a real compreensão e alcance da proposta legislativa.

5.11. Disciplina cronológica de julgamento

O artigo 12 do CPC institui disciplina preferencial na ordem dos julgamentos, fixando o critério objetivo de tempo de conclusão para definir a prioridade cronológica de julgamento, ou seja, aquele feito que primeiro foi concluso deve merecer, em princípio, preferência de julgamento.

Essa circunstância, por decorrência, cria uma aura de constrangimento para que o juízo aprecie outras demandas conclusas posteriormente àquela que se encontra há mais tempo na lista de antiguidade conclusão.

A ideia básica é inibir escolhas e privilégios!

Máxima vênia, ainda que aparentemente adequado estabelecer critério objetivo para a preferência de julgamento, o dispositivo, como posto, é de duvidosa eficiência naquilo que diz respeito à qualidade da prestação jurisdicional e, até mesmo, embaraço à própria celeridade.

Com efeito, existem processos juridicamente complexos e outros probatoriamente de difícil interpretação e outros ainda que não oferecem maior dificuldade de compreensão, quer por que o tema jurídico é sedimentado, quer por que não se afiguram de alta indagação probatória. Ou seja, os processos – por óbvio – não são iguais. Portanto, existem demandas que reclamam maior tempo de meditação e outras nem tanto.

O fato dos grilhões legais definirem qual demanda merecerá atenção preferencial, inclusive com o encargo de disponibilização de lista em cartório para consulta pública, estabelece, ao menos em tese, a hipótese de que o juízo, ainda que pronto para julgamento de uma causa deva aguardar o amadurecimento de outra, aos efeitos de prestigiar a proposta legislativa que, grosso modo, cria um embaraço subjetivo no julgador.

Alguém, por certo, dirá que este é – justamente – o mecanismo psicológico criado para pressionar o julgador a proferir decisão no processo que há mais tempo aguarda solução. Resta saber se para o jurisdicionado será saudável ter decisão prolatada por juiz pressionado por circunstâncias objetivas e, portanto, com contaminantes subjetivos possivelmente indesejáveis, os quais perpassam desde a ausência do tempo necessário de maturação até a indisposição pessoal por praticar ato de julgar pressionado e, quiçá, até mesmo, em momento pessoal impróprio.

De outro lado, tanto é verdade que as demandas possuem características que as diferenciam, que o artigo 12 estabelece exceções à própria regra. Realmente, o parágrafo segundo cuida de excepcionar a regra estabelecendo as hipóteses em que o julgador não está adstrito ao critério cronológico.

O quadro certamente provocará debates, vez que atinge diretamente a liberdade do julgador, na medida em que é este – e apenas este – que sabe quando está apto para julgar, em razão do modo processual da formação de seu convencimento.

O julgamento, todos o sabemos, é um ato que envolve variantes subjetivas e não apenas critérios objetivos. Assim, se, de um lado, parece razoável impor um controle, de outro, talvez a disciplina provoque insatisfação e, como consequência, gere decisões não suficientemente amadurecidas.

Cumpre, ainda, no tema, destacar duas circunstâncias que ensejam reflexão. Quais as razões que determinaram a disciplina e qual a consequência se ocorrer descumprimento. Nesta linha, a iniciativa talvez decorra do parentesco distante com a garantia da duração razoável do processo ou até mesmo com a isonomia. O descumprimento, de sua parte, parece configurar ato apto a ensejar correição parcial, já que a norma padece do mal de muitas outras da ordem jurídica, ou seja, não há sanção expressamente prevista. Se assim não for, configurará nova norma em branco na ordem jurídica.

5.12. Acolhimento subsidiário da teoria do ônus dinâmico da prova

O CPC (art. 373, § 1°) permite subsidiariamente a adoção da chamada teoria do ônus dinâmico da prova. Essa nova compreensão na distribuição do ônus da prova, como sabido, admite que se possa modificar a regra de distribuição do ônus, fugindo, no caso concreto, diante de certas peculiaridades, da clássica posição de que a prova do fato constitutivo do direito incumbe ao autor e a prova dos fatos impeditivos, modificativos ou extintivos ao réu.

A ortodoxia na distribuição do ônus da prova não é mais cogente, ainda que seja a regra, vez que admitido pelo novo sistema flexibilização, em face de certas circunstâncias de domínio da capacidade probatória.

Com efeito, abre-se ao juízo a possibilidade de estabelecer disciplina diversa, uma vez presentes peculiaridades representadas pela excessiva dificuldade de uma parte e/ou facilidade da outra. Pode, pois, o juízo, definir a quem incumbe a prova de certo fato, desde que o faça fundamentadamente.

Essa nova disciplina legislativa, como sabido, já vinha sendo de muito debatida pela doutrina, especialmente de origem Argentina[130]. Passa, agora, a ser realidade legislativa no direito processual civil brasileiro.

Esse entendimento, assentado no propósito ideológico de aproximar o mais possível à decisão jurisdicional da verdade material, permite que o juízo, em decisão motivada, determine que a parte que se encontra em melhores condições de esclarecer os fatos produza a prova apta a contribuir na formação da decisão, independentemente de sua condição de autor ou réu.

5.13. Fortalecimento dos poderes inquisitoriais do juiz no processo de modelo adversarial

A nova ordem, ciente de que a questão da efetividade da prestação jurisdicional tem inquietado a sociedade contemporânea e, em particular, a comunidade jurídica, fez a opção ideológica de fortalecer os poderes do juízo na condução do feito, com o claro propósito ideológico de conferir maior capacidade coercitiva às ordens jurisdicionais na busca do esclarecimento e solução da controvérsia.

Realmente, com o fito de fazer cumprir as determinações judiciais o artigo 139, inciso IV, do CPC – que trata dos poderes, deveres e responsabilidades do juiz – estabelece que

130. No Brasil, consultar o proveitoso estudo de DALL'AGNOL JUNIOR, Antonio Janyr. In *Distribuição dinâmica dos* ônus *probatórios*. Revista Jurídica. Porto Alegre: Nota Dez, 2809/11 – 2001.

o juízo poderá adotar todas as medidas indutivas, coercitivas, mandamentais ou sub-rogatórias para assegurar o cumprimento de ordem judicial.

Nessa linha, fortalece a autoridade do juízo e defere a este a faculdade de tomar decisões enérgicas com claro propósito de outorgar maior capacidade de realizar a decisão jurisdicional, deixando esta de ser apenas uma tese sobre a definição do direito das partes e passando a dispor de maior capacidade realizatória na efetivação do direito. Sai, pois, do mundo das ideias e passa a incidir no mundo dos fatos.

Caracteriza-se, pois, levando em conta os modelos ocidentais do processo, pela presença de um leve tempero inquisitorial no clássico modelo adversarial, pois haverá um juízo, ainda que vinculado à imparcialidade, mais comprometido com a realização efetiva do direito, vez que são ampliados os poderes de condução do processo e produção da prova para este propósito, haja vista que o magistrado resta dotado de amplo conjunto de possibilidades aptas a forçar o cumprimento das determinações judiciais.

Nessa toada, o juiz poderá adotar medidas atípicas de propósito realizativo do direito, sejam estas provisórias ou definitivas. Sempre, entretanto, fundamentadamente e com o fito de dar efetividade à prestação jurisdicional. Trata-se, pois, de voltar os olhos para a realização prática do direito, respeitadas, entretanto, sempre, as garantias constitucional-processuais que são da essência da democracia processual.

5.14. Disponibilidade procedimental

O CPC, no Livro dos Atos Processuais, em seu artigo 190, introduz significativa inovação, ao possibilitar a realização de ajustes privados no procedimento das demandas para adequá-lo à especificidade da causa.

Efetivamente, institui o dispositivo antes referido uma verdadeira cláusula geral de acordo de construção do procedimento judicial para causa determinada, tornando a disciplina procedimental ainda mais democrática, desde que em causa direito que admita autocomposição, ou seja, disponível às partes.

Exige-se para tanto que as partes sejam plenamente capazes e se encontrem em situação de absoluto equilíbrio. Circunstância que afasta de modo preliminar a possibilidade de qualquer ajuste se há vulnerabilidade de uma em relação à outra parte.

Assim, presente a capacidade e o equilíbrio, bem como a natureza do direito, poderão as partes dispor – antes ou durante o processo – sobre prazos, formas de intimação, disciplinar ônus, dentre outras variações de procedimento. O acordo poderá tanto ser apresentado ao juízo já previamente formatado por contrato, como poderá ser construído com a participação jurisdicional. Em qualquer hipótese, porém, dependera do referendo do juízo para validade e competirá a esse controlar a legalidade da disciplina procedimental ajustada pelas partes, aos efeitos de evitar violação a ordem jurídica.

Comumente a doutrina tem tratado do tema sob a designação de negócios processuais[131], quando, com a mais respeitosa vênia, melhor seria se tratasse do tema sob a designação de convenções procedimentais ou algo similar. Isso por que

131. Nessa linha, p. ex., TORRES, Artur. In *O CPC passado a limpo*. Porto Alegre: Livraria do Advogado, 2018. p. 177 e ss.

aquela designação faz crer que temas de natureza processual possam vir a ser objeto de negociação entre as partes, criando, novamente, confusão entre processo e procedimento, quando, na realidade, a norma que institui a possibilidade jurídica de negociação expressa e limitadamente se refere a *mudanças no procedimento*.

5.15. Consolidação do procedimento eletrônico

O CPC, como por regra são os Códigos de Processo, é um misto de temas processuais e procedimentais. O atual código, como muitos já foram, é muito mais procedimento do que processo. Nessa linha, não se poderia deixar de tratar da espécie procedimento eletrônico, chamado de processo eletrônico.

Com efeito, atento à verdadeira *cybercultura* que integra a operação do direito hodierno, o CPC fixa, do artigo 193 ao 199, o *modus operandi* dos atos processuais na era digital. E assim é, exatamente, por se tratar de instrumento facilitador da operação procedimental coeva. Lidamos, pois, como afirma FÁBIO CALDAS ARAÚJO, com a desmaterialização dos autos do processo[132].

Contudo, gera preocupação tanto a deficiência de alguns sistemas tecnológicos hoje em operação, como a má compreensão da proposta que, como dito acima, é instrumento facilitador da operação procedimental. Nessa linha, sendo instrumento facilitador, portanto mecanismo técnico para disponibilizar o pleno acesso judicial, não pode e não deve gerar embaraço à atuação das partes.

---

132. *Curso de processo civil: parte geral*. São Paulo: Malheiros, 2016, p. 88.

Certas questões, entretanto, dentre a disciplina eletrônica, merecem especial destaque, vez que norteiam as exigências no plano do procedimento eletrônico. Nessa toada, devem ser iluminadas, face suas peculiaridades, circunstâncias tais como: (a) divulgação eletrônica dos atos por órgão do Poder Judiciário gozarão de presunção de veracidade e autenticidade, (b) a existência de problema técnico no sistema poderá configurar justa causa para a prática de ato já precluso, na forma do artigo 223, do CPC, (c) O Estado Poder Judiciário deverá disponibilizar gratuitamente meios para a prática dos atos, podendo estes (ainda!) serem praticados por meio físico, acaso não exista sistema de acesso ao procedimento eletrônico posto à disposição da comunidade.

Como se vê, a ideia é concentrar e disponibilizar meios para todos à prática de atos eletrônicos, com o propósito de que estes venham a ser regra, ainda que se estabeleça, como exceção, a possibilidade da prática dos atos por meio convencional. Há, portanto, na proposta do CPC, o firme propósito de consolidar os meios eletrônicos como modo definido na prática dos atos processuais.

Com isso se dá continuidade, em marcha acelerada, à ideia de que o mais breve possível, respeitadas as possibilidades da República e dos Estados membros, todos os atos possíveis no processo judicial sejam praticados de modo eletrônico, circunstância que, sem dúvida, exigirá o aparelhamento adequado do Poder Judiciário em seus variados segmentos e preparação dos operadores, inclusive nos mais distantes rincões do Brasil.

Embora as naturais dificuldades de gestão e deficiência de recursos orçamentários, essa é a proposta do CPC que, longe de dúvida, é meritória, pois estabelece diálogo com um mundo que não para, plugado e *off line*.

5.16. Cooperação processual

O chamado dever de cooperação está enunciado claramente no artigo 6º, do CPC e impõe a todos os figurantes da relação processual um comportamento cooperativo com o fito de gerar, em tempo razoável, decisão de mérito justa e efetiva.

Esse modelo cooperativo, que também aparece como vertente cultural relevante do novo sistema processual, busca fazer com que haja conscientização da necessidade de que ocorra colaboração na busca da melhor solução do conflito. Esta diretriz metodológica do novo sistema processual impõe uma reeducação na compreensão da atividade jurisdicional, pois o juízo, no curso da lide, além do dever de conduzir os rumos do processo, tem os deveres de esclarecer, dialogar, prevenir e auxiliar às partes, conforme bem esclarecem MARINONI, ARENHART e MITIDIERO[133].

Esclarecer para afastar eventuais dúvidas que possa o juízo ter em razão da exposição das partes. *Dialogar* para que as partes possam contribuir na formação da decisão, pois, afinal, o processo constitui, como acentua o moderno direito austro-germânico, uma comunidade de trabalho[134] na busca de resultado justo e efetivo, ou seja, uma divisão de responsabilidades para efeitos de ser atingida a melhor solução. *Prevenir*

133. In *Novo Código de Processo Civil Comentado*, Luiz Guilherme Marinoni, Sérgio Cruz Arenhart e Daniel Mitidiero. 3º ed., São Paulo: RT, 2017. E, também, Daniel Mitidiero em trabalho monográfico que teve origem em sua tese de doutoramento publicado na versão comercial sob o título *Colaboração no processo civil: pressupostos sociais, lógicos e* éticos. São Paulo: RT, 2009.

134. Como bem destaca Fábio Caldas Araújo "*A cooperação é marcada pela atividade processual plurilateral, o que determina o surgimento de uma comunidade de trabalho* (Arbeitsgemeinschaft)." In *Curso de Processo Civil: parte geral.* São Paulo: Malheiros, 2016, p. 178.

sobre o uso equivocado do processo e *auxiliar* na transposição de obstáculos formais.

Deve, ainda, ser esclarecido para todos os efeitos que não se exige colaboração entre as partes, mas sim entre o juízo e as partes, haja vista que cada qual destas têm interesses divergentes na solução do conflito. Há, pois, uma colaboração do juízo, sem comprometer sua imparcialidade, para com as partes, aos efeitos de assegurar intenso diálogo na formação da decisão. E também, por evidente, das partes para com o juízo.

Essa textura cultural está sistemicamente presente na nova ordem processual, pois além do artigo 6º, em vários outros dispositivos do CPC, encontra-se estampada tal orientação, tais como os artigos 4º, 7º, 9º, 10º e 11, para referir apenas os dispositivos integrantes do capítulo das normas fundamentais. Contudo, ao longo da estrutura do novo código, existem tantos outros dispositivos alinhados com tal propósito e que iluminam a opção ideológica pelo processo cooperativo, no qual, como dito, há um verdadeiro compartilhamento de responsabilidades como decorrência do Estado Constitucional Democrático.

Cumpre, ainda, esclarecer que o dever de cooperação tem origem na lealdade e boa-fé. É corolário do desejo de que haja uma assepsia ética no comportamento processual, pois em muitas das vezes os litigantes confundem a parcialidade do operador que representa uma das partes com astúcia. E não é desse modo que deve ser compreendida a defesa de interesses na causa. Interesses são defendidos, com parcialidade, porém dentro dos limites éticos e agora com os olhos voltados para a corresponsabilidade das partes para com o juízo e deste para com estas, visando, – ainda e sempre – a adequada ideia Carneluttiana da *justa composição da lide*.

5.17. Incremento à tutela provisória na busca de jurisdição útil

Um dos grandes pesadores do direito processual civil contemporâneo como ciência, sem dúvida, foi OVÍDIO ARAÚJO BAPTISTA DA SILVA. Não foi, ao doutrinar sobre processo civil, um dogmático, um mero procedimentalista, muito menos um simples repetidor de ideias. Foi, na verdade, um cientista do direito processual civil. Nesta senda, seu hoje clássico livro *Processo e Ideologia: o paradigma racionalista*[135], bem demonstra a procedência da assertiva acima. Nesse magnífico estudo, o saudoso mestre estampa a influência do paradigma racionalista no processo civil, o qual se constitui já de muito num embaraço para a eficiência do sistema processual civil brasileiro.

A obra discute as dificuldades que temos tido em lidar com os obstáculos opostos pelos componentes ideológicos do sistema processual para operacionalizar a jurisdição de modo compatível com o tempo de agora. É obra, *permissa venia*, que necessita ser lida e, especialmente, compreendida, se o objetivo for abrir espaço à reflexão e enfrentamento dos entraves que aprisionam a eficiência.

Necessitamos, hoje, mais do que nunca, de uma jurisdição capaz de se amoldar com uma sociedade intensamente consumista, refém do entretenimento, complexa, com interesses cada vez mais individualistas e plenamente integrada à mundialização.

O paradigma racionalista[136], fundamento ideológico do processo de conhecimento – ordinário por natureza, como

135. Rio de Janeiro: Forense, 2004.

136. Este vem fundado, por óbvio, no pensamento de filósofos racionalistas, tais como DESCARTES, dentre outros. Essa corrente de pensamento leva por

afirma OVÍDIO[137] –, desde muito presente em nosso processo judicial, pretendeu transformar o direito em ciência exata[138]. Busca a certeza, através de demandas de cognição plenária e, por decorrência, subordina o conflito a um procedimento de rito cansativo na busca de uma platônica certeza. Situação, nessa quadra da história, incompatível – em muitas das vezes-, com as necessidades coetâneas.

O ilustrado professor OVÍDIO sempre denunciou em suas diversas obras os malefícios da ordinarização como ideia *mater*, tanto é assim que se dedicou profundamente ao estudo da cognição sumária, através da tutela cautelar. Igualmente, introduziu no Brasil o hoje consagrado instituto da antecipação da tutela, segundo atesta com clareza o caderno de teses e proposições do Congresso Nacional de Direito Processual Civil, ocorrido na cidade de Porto Alegre, entre 11 e 16 de julho de 1983. Na proposição de número três, o ilustrado professor propôs criar um parágrafo único para o artigo 285, do CPC de 1973, cuja redação foi assim sugerida: *sempre que o juiz, pelo exame preliminar dos fundamentos da demanda e pelas provas constantes da inicial, convencer-se da plausibilidade do direito invocado, poderá conceder medida liminar antecipando os efeitos da sentença de mérito, se a natureza de tais eficácias não for incompatível com tal providência.*

Iluminou, com talento invulgar, forma de outorgar efetividade à jurisdição, pelas vias da tutela provisória, sem persistir o comportamento de então que rotineiramente socorria-se da

---

suporte a razão e a lógica. Busca soluções lineares, e assenta-se na mesma lógica matemática para a busca da verdade.

137. *Processo e Ideologia*...p. 27.

138. *Processo e Ideologia*...p. 24.

tutela cautelar para enfrentamento de necessidades que não podiam se subordinar a ritualística da ordinariedade. O comportamento forense daquele momento, inclusive, fez nascer a ideia da possibilidade de existência de tutela cautelar de cunho satisfativo, deformando, pois, seu propósito de oferecer segurança, já que o que é cautelar não satisfaz e o que satisfaz não é cautelar.

O atual CPC, sensível a tais reflexões, de origem no pensamento Ovidiano e também de outros talentos afinados com essa mesma linha de orientação, reservou espaço particular para a tutela provisória e, por decorrência, incentiva a cognição sumária para determinadas situações. Se liberta, pois, nessa espécie de tutela, da brutal influência racionalista e, por decorrência, permite uma jurisdição mais amoldada à velocidade das relações jurídicas contemporâneas, vez que abandona a ordinarização inerente a certeza e abre espaço à urgência e a evidência num mundo que – hoje – não dorme.

Ao prestigiar a urgência e a evidência, como categorias aptas a gerar prestação jurisdicional imediata, sem dúvida, permite maior espaço para a busca de jurisdição útil, haja vista que nas hipóteses lida com a cena judiciária sem o desconforto e a quimera da certeza material. São outros os paradigmas da decisão jurisdicional: urgência (necessidade de reação jurisdicional imediata para segurança do direito) e evidência (necessidade de reação jurisdicional compatível com o que é verossímil), aos efeitos de gerar prestação jurisdicional efetiva.

6. ACESSO À JUSTIÇA E AMPLA DEFESA: IDEOLOGIA DEMOCRÁTICA IMPACTANTE NA EFETIVIDADE DA JURISDIÇÃO

O ideal da plenitude da cidadania processual é traço marcante do Estado Constitucional Democrático. Tanto é assim que foram insculpidas expressamente na Constituição Federal, dentre outras, as garantias do acesso à justiça e da ampla defesa; ou seja, a todos, indistintamente, deve ser franqueado o acesso aos meios legais de resolução de conflitos e permitido o exercício pleno de suas posições jurídicas. Neste contexto inclui-se o livre acesso ao Poder Judiciário para que esse, no exercício de sua função natural, ofereça solução ao conflito de interesses. Nas hipóteses de resolução judicial dos conflitos, às partes deve, igualmente, ser assegurado o direito de ampla defesa. Nesta, insere-se o exercício de todas as medidas e recursos disponíveis na ordem jurídica para fazer valer o direito afirmado.

Esse ideal democrático-constitucional, longe de dúvida, é da essência do Estado de Direito, e, extraordinariamente, saudável aos interesses da sociedade contemporânea que incentiva a composição civilizada dos conflitos.

Contudo, longe de dúvida, estimula – no mínimo – dois comportamentos do cidadão: (1) a busca intensa da solução jurisdicional, através do exercício pleno do direito de ação, como decorrência da garantia do acesso e (2) a manutenção do debate judicial, enquanto não resolvido definitivamente o conflito, consequência da garantia da ampla defesa.

Assim, essa combinação, se – como dito – de um lado é democraticamente saudável, de outro, produz um efeito colateral, haja vista que abarrota o Poder Judiciário com demandas e, por decorrência, cada vez mais compromete a efetividade da prestação jurisdicional, pois o volume de postulações impacta diretamente no tempo da prestação jurisdicional que, por vezes, de tão tardia, se revela inútil.

Uma das razões para esse estado de coisas é a incompreensão do alcance e conteúdo hermenêutico das garantias constitucional-processuais antes referidas. Assim, oportuno se repasse o real significado e compreensão destas para que, uma vez bem compreendidas, se possa adequadamente aplicá-las, sem obnubilar sua essência democrática.

Acesso à Justiça. Talvez uma das mais graves preocupações do mundo ocidental naquilo que diz respeito à efetividade do processo está, exatamente, na asseguração do acesso à justiça, como proposta básica de uma sociedade democrática, pois, longe de dúvida, não se pode sequer imaginar a hipótese de distribuição de justiça apenas para determinados segmentos sociais.

Realmente, é da essência da cidadania a garantia de que a todos será assegurada a mais ampla possibilidade de submeter à apreciação do Poder Judiciário eventual lesão ou ameaça a direito.

Nessa medida, a Constituição da República estabelece o princípio de que a todos será assegurado o exame de suas questões, especialmente se conflituosas, em verdadeira garantia de proteção judicial.

Portanto, compete ao Estado, a partir desse primado, facilitar ao cidadão as formas de acesso à solução de suas necessidades e conflitos, daí a razão da existência de um Código de Processo Civil, vez que este deve ser compreendido como instrumento facilitador do acesso à justiça judicial. Igualmente, com tal propósito, a Constituição Federal insculpiu comandos aptos a reforçarem tal propósito, tais como no inciso LXXIV, do artigo 5°, o direito à assistência jurídica integral e gratuita e no inciso LXXVII, do mesmo dispositivo, a gratuidade necessária do *Habeas corpus* e do *Habeas data*, bem como, de forma inominada, a gratuidade dos atos necessários ao exercício da cidadania.

Embora a clareza de propósitos da Constituição Federal, a verdade é que esta fórmula ainda não se encontra plenamente aperfeiçoada, haja vista que o cidadão encontra limitações de acesso amplo à proteção judicial. Com efeito, basta – para que se chegue a tal conclusão – se proceda a exame, p. ex., de leis que, aqui ou ali, embaçam o pleno exercício de tal garantia constitucional. Nesta linha, alinham-se, v. g., a exigência de depósito prévio em ação rescisória, a permissão legal para a cobrança de custas judiciais (haja vista que a assistência judiciária é restrita a determinadas circunstâncias), o pressuposto de legitimação constante do artigo 18, do CPC, quando há necessidade de por em causa, p. ex., *micro-direitos*[139] individuais não homogêneos.

---

139. Usa-se a expressão microdireito exclusivamente sob o ponto de vista patrimonial, não merecendo, pois, qualquer outra projeção.

Entretanto, a ausência de limitação na compreensão da cláusula do acesso, embora eventuais intervenções infraconstitucionais restritivas, o fato é que nem tudo pode desaguar no Poder Judiciário. Necessitamos descobrir o ponto de equilíbrio entre a saudável proposta de ampla proteção judicial ao cidadão e seus efeitos reflexos que têm, em alguma medida, impactado na eficiência jurisdicional.

Realmente, parcela da morosidade pode ser debitada à ideia de acesso à justiça, pois, como dito, ainda que subliminarmente, incentiva o cidadão ao litígio e, por decorrência, faz aumentar significativamente o volume de demandas levadas a conhecimento do Poder Judiciário que, sabidamente, nessa quadra da história, não dispõe de estrutura capaz de vencer o volume gerado em tempo razoável (5º, LXXVIII, CF).

Ampla defesa. Como é de conhecimento da comunidade jurídica a Constituição Federal, no inciso LV, de seu artigo 5º, insculpiu as garantias do contraditório e da ampla defesa em igualdade de condições e de modo a demonstrar que tratam de posições jurídicas distintas. Curiosamente, contudo, a doutrina mais tem se preocupado em debater o contraditório do que a ampla defesa, talvez imaginando a presença de um *bis in idem* ou de que esta, naturalmente, estaria embutida naquele.

Entretanto, *maxima venia*, não parece ser esta a melhor compreensão, haja vista que a ampla defesa tem vida processual própria e independente do contraditório, em face suas peculiaridades.

Efetivamente, a ampla defesa consagra o direito ao livre exercício de todos os meios judiciais previstos na ordem jurídica processual, sejam estes iniciativas autônomas ou incidentes.

Desse modo, ações, principais ou incidentes, e recursos de qualquer natureza integram o conteúdo da plena defesa.

Essa ideia permite que o cidadão, uma vez atendidas as exigências procedimentais e processuais, possa esgotar perante as instâncias oferecidas pela ordem jurídica todas as possibilidades de apreciação de sua causa sem que com tal conduta possa ser tida por ofensiva ou temerária, muito embora, aqui ou ali, se encontrem decisões inquinando de procrastinatórias condutas constitucionalmente asseguradas, muito especialmente em sede de Embargos de Declaração e, por vezes, até mesmo, de modo abusivo e constrangedor, ocorrer pelo juízo potencialmente recorrido prévia advertência de que se o recurso vier a ser usado redundará em sanção.

Muito embora a peculiaridade acima referida, a verdade é que a ampla defesa permite o quase indiscriminado uso dos meios disponibilizados pelo sistema constitucional-processual.

Essa realidade, todavia, como em muitas das vezes, traz consigo paraefeitos que terminam por repercutir na formação dos passivos jurisdicionais, na medida em que – por ser o homem um animal insatisfeito por natureza, como certa feita afirmou JAYME GUASP –, gera um implícito incentivo à perpetuação do debate e, por decorrência, a sobrevivência longa da causa, mantendo-se, pois, as partes em estado de conflito permanente.

Como se vê, ainda que saudáveis à democracia processual, as garantias do acesso e da ampla defesa geram efeitos colaterais indesejados, vez que claramente contribuem para a formação de passivos jurisdicionais e, por decorrência, para a morosidade de prestação jurisdicional em prejuízo da própria sociedade.

Necessitamos, pois, temperar esta compreensão, haja vista que a eventual ausência de limites, induvidosamente, tem gerado consequências indesejáveis à efetividade da jurisdição.

É, pois, necessário estabelecer o balanceamento adequado entre o direito fundamental de ação e ampla defesa e o direito indeclinável a tempestividade da jurisdição.

Assim, com o propósito de estabelecer a convivência e diálogo dos direitos, oportuno que, sempre que possível e necessário, ocorra intervenção restritiva pontual, através do balanceamento de valores *in concreto*, com a aplicabilidade da conhecida teoria da proporcionalidade[140], aos efeitos de temperar os interesses sociais, com os direitos fundamentais subjetivos do acesso e da ampla defesa, ainda que através de realização provisória do direito.

140. V. item 3.7.

7. ALGORITMO JURISDICIONAL E O FUTURO DO PROCESSO CIVIL?

7.1 O futuro é previsível?

O professor e pesquisador da Universidade Hebraica de Jerusalém YOUVAL NOHAL HAHARY recentemente brindou o mundo com dois instigantes livros[141]: *Sapiens* e *Homo Deus*. Este discorre sobre o amanhã, aquele sobre a história da raça humana.

Diante das ponderações feitas ao longo dos tópicos anteriores e após refletir sobre as considerações de HAHARY, senti necessidade de, considerando o hoje, imaginar o amanhã.

Quem, ainda, não desafiou sua imaginação sobre o amanhã?

Como, nós humanos, seremos no futuro? Um misto de corpo humano e tecnologia? Nosso cérebro será incrementado por dispositivos artificiais?

141. *Sapiens – Uma breve história da humanidade*, tradução de Janaína Marcantonio. 9º ed. Porto Alegre: L&PM, 2016. *Homo Deus. Uma breve história do amanhã.* Tradução de Paulo Geiger. São Paulo: Companhia das Letras, 2016.

Como compreenderemos (se é que compreenderemos algum dia!), aquilo que hoje é definido como universo?

Quais serão nossos desafios? Ontem foi cruzar oceanos, pousar na lua, dentre outras aventuras! E amanhã?

Nos dias de hoje, máquinas já dialogam com máquinas e são bilhões a operar ininterruptamente. Já há capacidade cognitiva na computação, dentre os avanços da tecnologia contemporânea. Tudo, para muitos, ainda incompreensível e em alguns grotões de nosso imenso país nem mesmo imaginável.

Enfim, fala-se, até mesmo que, em breve, o homem não mais morrerá de doenças de qualquer natureza, dentre muitas cogitações sobre o futuro.

Não pretendendo reproduzir o grande ALVIN TOFLER[142], futurologista de respeito mundial dos setenta e oitenta, que encantou gerações com suas obras e predições. Dessas muitas já se concretizaram, tais como a difusão dos PCs e o trabalho remoto em *home offices* (banalidades de hoje, preditivos de ontem!) e muito menos ousar como o fez, também, o criativo JÚLIO VERNE[143], verdadeiro corifeu dos visionários ou ainda concorrer com KEVIN KELLY, e sua sugestiva e atual obra sobre as doze forças tecnológicas que mudarão o mundo.

---

142. *Choque do futuro*, obra consagrada que produziu profundo impacto em nosso pensamento social. *Terceira onda obra* igualmente explosiva que obrigou a profunda reflexão em torno do nascimento de uma nova civilização.

143. Dentre suas mais de 100 obras, na linha do texto, são destaques, em face de sua incrível capacidade de predizer, *Da terra* à *Lua,* 1865 e *Vinte mil Léguas Submarinas*, 1870, p. ex.

Temos, entretanto, o dever de pensar, pelo simples fato de sermos humanos. Na máxima de RENE DESCARTES[144]: *cogito ergo sum*![145]

Desse modo, embora a ausência de pretensão sobre a capacidade de descortinar o futuro, sou, como muitos, "vítima" de inquietações. Essas, no momento, se projetam para o pequeno mundo do direito processual.

Assim, cumpre indagar: para onde ruma o processo civil e qual será sua utilidade futura? Quais são nossas perspectivas? Esse futuro é previsível?

7.2 A imbricação processo/procedimento

Com o fito de responder a indagação posta, necessário, antes, destacar que o processo, hoje, neste local do mundo e neste tempo, continua sendo o instrumento através do qual atua a jurisdição para a satisfação de um direito pretendido. Não existe por si só, mas para viabilizar a função jurisdicional, tanto que, em certos sistemas, é chamado de direito jurisdicional[146]. Jungido a este, há o procedimento que, de sua parte, representa a disciplina interna do processo e que organiza a sucessão dos atos a serem praticados na busca do fim colimado[147]. São, portanto, fenômenos distintos, como,

---

144. *Discurso do método*. Os Pensadores. São Paulo: Nova Cultural, 1996.

145. Afirmação corriqueiramente traduzida como: Penso, logo existo!

146. Destaque apropriado feito por LUIZ RODRIGUES WAMBIER e EDUARDO TALAMINI, in *Curso Avançado de Processo Civil*, vol. 1, P. 43.

147. Assim, SÉRGIO GILBERTO PORTO e GUILHERME ATHAYDE PORTO, in *Lições sobre Teorias do Processo – Civil e Constitucional-*. Porto Alegre: Livraria do Advogado, 2013, p. 122.

aliás, adverte ELIO FAZZALARI ao discorrer sobre o tema. *Procedimento e processo: due fenomeni e due nozioni. La storia dei due fenomeni procedimento e processo si distingue – come espesso accade – della storia dei due concetti (...)*[148]. Por conseguinte, não há como negar e como costumeiramente destacado em doutrina, processo e procedimento, são fenômenos distintos que não se confundem, embora imbricados pela disciplina legal e realidade operacional.

O processo é um segmento do direito que cria institutos para realização jurisdicional do direito material e o procedimento disciplina a sucessão dos atos a serem praticados para alcançar o fim pretendido pelo processo. Este é, como já registrado, teleológico; aquele, organizacional. Operam jungidos, como as ondas e o mar, inseparáveis por natureza.

Não há, pois, operacionalização do processo sem procedimento. Assim, em face da natural e necessária convivência, o tema nem sempre é de fácil identificação. Tanto é verdade que esta situação recentemente mereceu profunda análise sob o enfoque da competência legislativa para dispor sobre normas de processo (art. 22, I, CF) e procedimento (24, XI, CF). Efetivamente, PAULA SARNO BRAGA, em sua tese de doutoramento, cuja versão comercial vem exposta no livro intitulado *Norma de Processo e Norma de Procedimento – O problema da repartição de competência legislativa no direito constitucional brasileiro*[149], bem destaca a dificuldade e incompreensão reinante, pois se fosse tema sereno, certamente não teria ensejado tão refletido e proveitoso estudo.

148. *Istituzioni di Diritto Processuale.* Padova: Cedam, 1996, 8º ed. p.73.

149. Salvador: JusPODIVM, 2015.

GILMAR FERREIRA MENDES[150], ao prefaciar a obra supra, reafirma a ideia de que o *processo é o instrumento pelo qual o Estado presta jurisdição, ao passo que procedimento é a forma como o processo é desenvolvido e executado.*

Como se vê, é facilmente aceitável a diferença clássica entre processo e procedimento, tal qual aqui destacado. Aponta, entretanto, a obra retro referida, a inviabilidade de legislar sobre o tema sem correr o risco de violar competência legislativa, em face da tênue diferenciação pragmática.

Possivelmente, a preocupação decorreu das dificuldades identificadas em legislações, editadas aqui ou ali, de estabelecer nítida distinção entre processo e procedimento. Aliás, um dos problemas destacado, cujo monopólio não pertence ao legislador, mas também doutrina e decisões judiciais rotineiramente tropeçam no enfrentamento da questão referente a perfeita identificação de atos de processo e de procedimento. Isso, na medida em que muitos operadores acreditam que decidir sobre procedimento é exercer a atividade jurisdicional anunciada pela Constituição Federal.

Posto isso, retomando a temática sobre a previsibilidade do futuro, aos efeitos de posteriormente vinculá-la ao processo, cumpre observar que o comportamento do homem do amanhã na busca de soluções pode, até mesmo, como cogita HAHARY, ser reduzido à técnica do uso de algoritmos. Como sabido, o algoritmo representa o *encadeamento das ações necessárias ao cumprimento de uma tarefa* ou o *conjunto de regras e procedi-*

150. Ob. Cit., p. 20.

mentos lógicos perfeitamente definidos que levam à solução de um problema em um número finito de etapas[151].

São esses (os algoritmos!), como é de pleno domínio, de uso comum na estruturação dos computadores que, grosso modo, se constituem apenas num conjunto de algoritmos em operação concatenada. Ou seja, máquinas com condutas preordenadas em ação![152] É bem verdade que com milhões ou bilhões de hipóteses projetadas.

De certo modo, pode ser aceita a ideia de que, preservadas as diferenças, há um determinado liame lógico entre algoritmo e procedimento. São essas condutas preordenadas e representadas por uma sucessão lógica de atos que levam a um determinado fim.

Essa relação, sob o ponto de vista funcional, ainda mais se intensificará no futuro? Creio que, do modo como a ciência do processo vem sendo utilizada no dia a dia forense, sim! Diria mais: lamentavelmente sim!

E por que sim? Porque é possível afirmar que o algoritmo está presente na lógica eletrônica e compõe a "alma" dos computadores atuais, do mesmo modo que o procedimento está na "alma" do processo. Porém, o algoritmo – por si só – computador não é, assim como o procedimento, processo também não é!

---

151. Sentido 2.1 e 4 do Dicionário Houaiss.

152. Entretanto esta lógica é desafiada pela chamada computação cognitiva, a qual trabalha, por óbvio, com a inteligência artificial. Veja-se o chamado robô-advogado, nominado de Watson. Segundo se anuncia desfruta de capacidade cognitiva e caminha a passos largos para substituir muitas das atividades dos advogados e, quiçá, dos julgadores.

Contudo, embora as variantes, a verdade é que são tantas as disciplinas preordenadas existentes que podemos afirmar que vivemos, claramente, numa sociedade que tem profundo apreço pelo método, com um comportamento procedimental intenso, o que – pode-se afirmar – é óbvio e natural no *civil law*.

Essa realidade responde presente tanto no setor público como no privado, vez que, segundo convicções coevas, abrevia as decisões no tempo, pois prioriza a fórmula pré-construída sem demandar maiores reflexões. Ou seja, há automação nas soluções, haja vista que são previamente estabelecidas, por subordinação clara às propostas do *civil law*, o qual parte da premissa da previsibilidade de comportamentos.

São exemplos dessa realidade os regimentos internos dos Tribunais, as disciplinas empresariais para exame de certos atos por Conselhos de Gestão, dentre outras hipóteses presentes no dia a dia operacional.

É quase proibido pensar em soluções que não passem previamente por fórmulas procedimentais. Estas aparecem como antecedentes necessários ao acesso à solução.

O caminho parece ser mais importante que o destino! Deve o caminho dominar o destino?

Na vida, o caminho, como registrado em poesia, o caminhante faz caminhando!

No processo não, pois há o procedimento já estabelecido e que é meio para operacionalizar o processo, ou seja, o caminho a ser percorrido para que os institutos processuais outorguem eficácia ao direito violado ou ameaçado.

Sobre a importância dos meios, oportuno também lembrar a linha ideológica adotada pelo processo formulário romano, no qual *configurava-se o direito subjetivo não pelo seu conteúdo substancial, mas sim pela* ótica *da "ação" com a qual o titular podia tutelá-lo contra possíveis ofensas. Os romanos não diziam: "eu tenho um direito", mas diziam simplesmente: "eu tenho uma ação"*[153]. A ação se antepunha ao direito subjetivo. Vale dizer, jamais se faria valer o direito subjetivo sem antes exercer a ação. Buscava-se o direito somente pela ação. E para que, a época, se tivesse ação, necessariamente, deveria ocorrer subordinação à ritualística pretoriana, a qual era composta por esquemas preestabelecidos. Isso porque *a atividade do pretor consistia num sistema de ações antes que um sistema de direitos subjetivos*[154].

A ordem jurídica coetânea, contudo, parte da premissa de que o cidadão afirme primeiramente "eu tenho um direito" e não, desde já, afirme que tem ação. O direito subjetivo precede a ação. Isso por que aquele é o fim e esta o meio. Na mesma relação devem conviver processo e procedimento. Este o caminho, aquele o instrumento que realiza o fim.

Entretanto, a impressão que passa o conteúdo do CPC, em muitos momentos, é que este está mais preocupado com o caminho do que com o fim (prestação jurisdicional que ofereça solução ao conflito de interesses posto à apreciação).

É o atual CPC, pois, exemplo do fenômeno da hiperprocedimentalização. Ou seja, na processualística coeva somos reféns do procedimento e é tão intensa essa realidade que hoje

153. JOSÉ ROGÉRIO CRUZ e TUCC e LUIZ CARLOS DE AZEVEDO. In *Lições de História do Processo Civil Romano.* São Paulo: RT, 1996, p. 45.

154. Idem p. 46.

há estudos, em meio ao processo civil, sobre teoria geral dos procedimentos[155].

Para perceber essa realidade basta responder a seguinte indagação: no CPC quantos dispositivos tratam de processo e quantos de procedimento?

Não há dúvida que é possível afirmar que o CPC é predominantemente procedimental. Desse modo, por respeito ao seu conteúdo, melhor seria tivesse sido batizado como Código de Procedimento Civil, em face da verdadeira desprocessualização que vem progressivamente ocorrendo e que veio de ser ratificada pelo atual Código.

Assim, cumpre indagar, qual o sentido da apregoada autonomia do direito processual se este é estrutural e preferencialmente procedimental?

Aceitando-se as chamadas fases culturais da ciência processual, tais como reproduzidas na doutrina dominante, pode-se afirmar que o CPC possui larga inspiração praxista, vez que intensamente procedimentalista, ainda que também presentes de modo mais tímido os conteúdos das demais fases culturais[156].

---

155. V. g. SCHIMA, In *Compiti e limiti di uma teoria generale dei procedimenti,* Citado por ELIO FAZZALARI. Instituzioni di Diritto Processuale, VIII Edizione, p. 73, nota 2.

156. Praxismo, Processualismo, Instrumentalidade e Instrumentalidade Constitucional (esta última com variações nominais, tais como formalismo-valorativo ou neoprocessualismo). Sobre o tema consultar, com proveito, *Cultura, Escolas e Fases Metodológicas do Processo.* MARCO FELIX JOBIM. Porto Alegre: Livraria do Advogado, 3º ed., 2016.

Como consequência dessa realidade, ameaça ressurgir das cinzas, tal qual Fênix[157], um novo império do praxismo. E, quiçá, também a influência significativa do velho processo formulário do Pretor Romano[158]! Esta realidade configura, *maxima venia*, retrocesso científico inaceitável e decorre da simpatia excessiva a procedimentalização do processo, ao amor exacerbado pela ritualística, a qual dá ensejo, nos dias de hoje, a uma espécie de neopraxismo. Isso porque, quiçá, a excessiva simpatia pelo formulismo (por evidente, não confundir com formalismo!) habita a alma de muitos.

Não se está a sustentar que não deva existir procedimento. Muito menos se está a defender a eventual inutilidade deste. O que se está a denunciar é a excessiva valorização do procedimento na sistemática atual, em face do volume de regras de condução presentes no novel código. Isso permite a fuga da natural vocação da jurisdição, inclusive, – é preciso ser justo! –, estampada no artigo 4º do mesmo código que, como já registrado, incorpora o princípio da primazia da solução de mérito.

Deve-se almejar que o artigo 4º, do CPC, não seja esquecido pelos julgadores desse país, modo especial pelos operadores dos Tribunais Superiores que, como regra, antes de tudo, externam preocupação com temas procedimentais. Aliás, intensamente presentes no chamado juízo de admissibilidade recursal. Este, com a mais respeitosa vênia, deveria se limitar a diagnosticar

---

157. Fênix é um pássaro da mitologia grega que, segundo as narrativas, morria, mas depois de algum tempo renascia das próprias cinzas.

158. Sobre o tema, consultar também com largo proveito, JOSÉ ROGÉRGIO CRUZ E TUCCI E LUIZ CARLOS DE AZEVEDO, in *Lições de História do Processo Civil Romano*. São Paulo: RT, 1996.

a presença ou não de interesse republicano na causa. Presente este, deveria o recurso ser admitido e não submetido a um espinhoso e sacrificante *iter* formulista.

O dispositivo acima referido, em realidade, mesmo em nosso código repleto de regras procedimentais, estabelece um temperamento a ser imposto ao prestígio do formulismo, na medida em que fixa a diretriz ideológica de que deve ser priorizada a eliminação da lide e não apenas a extinção do processo e, especialmente, o não-conhecimento de relevantes recursos com causa republicana embutida, como muitas vezes ocorre.

Cumpre também registrar que uma das razões para a existência da ameaça latente do império do procedimento está em que este, em muitas das vezes, pelo simples fato de estar inserido no Código de Processo Civil, é tratado como se processo fosse, quando processo não é! Para se chegar a tal conclusão, basta lançar o olhar para os conteúdos programáticos de muitas Escolas de Direito, ou, p. ex., comparecer em aula sobre recursos no CPC. O que se verá? Predominantemente técnica procedimental! Qual o prazo se deve respeitar? Que espécie de recurso deduzir? A que órgão dirigir o recurso? Quais custas recolher ou, modernamente, que botão pressionar! Fala-se, quase cochichando, como se fosse segredo de gênios enclausurados nas muralhas dos tribunais, sobre "armadilhas" presentes nos Regimentos Internos. Discorre-se sobre meandros procedimentais, de domínio preferencial de operadores internos nos tribunais. E pouco sobre a função constitucional dos recursos e dos próprios Tribunais.

Essa realidade, do prestígio à hiperprocedimentalização, tem como efeito colateral a mecanização de condutas e os comportamentos humanos tornam-se condicionados, como se algoritmos em operação fossem, máxime no procedimento eletrônico, verdadeiro neopraxismo.

O procedimento no debate judicial desfruta de *status* de destaque e, quiçá, em muitas das vezes, mais eloquente que o conflito material submetido à apreciação do Poder Judiciário. Tanto é assim que, como destacado, em número acentuado de vezes, mais vale o caminho do que o destino, haja vista que a conduta de extinguir o processo sem exame de mérito por deficiência meramente procedimental decorre do poderoso desejo de diminuir estoques de processos sem enfrentar o conflito.

Isso deu causa ao nocivo comportamento que ensejou o nascimento da chamada jurisprudência defensiva[159]. Nesta, no mais das vezes, é negada a jurisdição prometida pela Constituição da República e oferecida apenas "jurisdição procedimental", através, para lembrar LIEBMAN, de um *joeiramento* conduzido por assessorias ou – como definiu LÊNIO STRECK –, por

159. Como já dito, altamente nociva aos cofres públicos, vez que, por regra, não encerra o conflito dizendo a quem pertence definitivamente o direito, haja vista que em prestígio ao formulismo apenas encerra o processo, persistindo o conflito entre as partes, o qual, em muitas das vezes, retorna ao Poder Judiciário impondo novos gastos ao Estado e, por decorrência, violando – como e enquanto serviço público – os princípios da eficiência e economicidade, insculpidos respectivamente nos artigos 37 e 70, *caput*, da Constituição Federal. A eficiência diz respeito ao resultado útil e a economicidade, de sua parte, diz respeito a melhor solução para realização da despesa pública, isto é, se o caminho perseguido foi o melhor para justificar a despesa pública dentro da equação custo-benefício. Sobre a linha de pensamento da prestação jurisdicional como serviço público oportuno o destaque de REMO CAPONI ao também averbar a prestação jurisdicional como serviço público e a referência que faz ao princípio da eficiência no processo civil apontando sua codificação na Itália. In *O princípio da proporcionalidade na justiça civil:primeiras notas sistemáticas*. Revista de Processo (RePro). RT: São Paulo, 2011, p. 397 e ss.

verdadeiros *grupos de extermínio*[160]. Acaba-se com o processo, mas persiste o conflito a instabilizar a convivência social.

Essa realidade merece ser confrontada com a seguinte indagação: existirá constitucionalmente jurisdição meramente procedimental?

A decisão procedimental extintiva (*rectius* exterminativa) diz o direito, nos moldes concebidos constitucionalmente para a função jurisdicional e fins institucionais do Poder Judiciário? E o art. 485, do CPC?

Oportuno, nessa quadra, lembrar os ensinamentos do saudoso GALENO LACERDA[161], ao definir jurisdição como *a atividade pela qual o Estado, com eficácia vinculativa plena,* ***elimina a lide****, declarando e/ou realizando o direito em concreto.*

A decisão extintiva e meramente procedimental elimina o processo, mas não a conflito e, por conseguinte, não diz e nem realiza o direito do cidadão através da jurisdição, conforme apregoa a Constituição da República. Apenas refere que, no entendimento do Poder Judiciário, não foram suficientemente atendidas às regras de conduta e, portanto, o princípio da primazia do exame do mérito resta desprestigiado. Isso porque, a decisão extintiva apenas aponta que algum tópico do *iter* não foi atendido, quando, em realidade, a vocação natural da jurisdição é a de eliminar a lide. Dizer e realizar o direito material através do processo. Esse, o real compromisso institucional do Poder Judiciário, claramente estampado no

---

160. CONJUR. Senso Incomum. LÊNIO LUIZ STRECK. Precedentes? Decisão de 4 linhas do STF contém três violações ao CPC. 10.11.2016.

161. Lembrados pelo também saudoso ATHOS GUSMÃO CARNEIRO, in *Jurisdição e competência.* São Paulo: Saraiva, 1983, p. 4.

artigo 4º, do CPC, ao afirmar que *as partes têm o direito de obter em prazo razoável solução integral do mérito, incluída a atividade satisfativa.*

Assim, cumpre indagar qual a natureza jurídica da decisão procedimental extintiva que não elimina a lide (compreendida esta na concepção carneluttiana, ou seja, um conflito de interesses qualificado por uma pretensão resistida)?

Joeiramento prévio?! Somente se admitiria para rememorar um verdadeiro capricho de LIEBMAN, ao tentar explicar a natureza da decisão que reconhece a inexistência das chamadas *condições de admissibilidade da ação.*

Cumpre registrar que, quando LIEBMAN sustentou a ideia da existência de um *joeiramento prévio,* o fez com a consciência – para o bem e para o mal – de que este ato não detinha vocação jurisdicional, face à natureza e propósito originário da jurisdição, tanto que declara que são *condiciones esenciales para el ejercicio de la función jurisdiccional*[162]. Isso bem perceberam OVÍDIO ARAÚJO BAPTISTA DA SILVA e FÁBIO LUIZ GOMES ao discorrerem sobre a natureza do provimento em torno das condições da ação. Destacam que *para Liebman e a maioria de seus discípulos, conforme já visto, o exame e o provimento do juiz sobre as condições da ação não têm a natureza jurisdicional e, por isso, não ficam acobertadas pela coisa julgada. Tratar-se-á de atividade de* ***filtragem*** *ou* ***joeiramento prévio****, para usar suas palavras.*[163]

---

162. V. *Manual de Derecho Procesal Civil.* Tradução de Santiago Sentis Melendo. Buenos Aires: EJEA, 1980, p.114 e ss.

163. *Teoria Geral do Processo Civil.* São Paulo, RT, 1997, p.121.

Isso, bem compreendido, quer dizer que a decisão que reconhece a inexistência das chamadas condições da ação, na compreensão de LIEBMAN e seus seguidores, é extrajurisdicional, embora praticada pelo juízo no pleno exercício da jurisdição. Cumpre notar que o CPC mantém essa linha ideológica, pois abraçou, no particular, a chamada teoria eclética sobre o direito de ação. Tanto é assim que expressamente manteve a legitimidade e o interesse processual como condições para exercício do direito de ação (arts. 337, IX e 485, VI).

Com a aceitação de que o juízo possa praticar atos extrajurisdicionais no exercício da função jurisdicional, talvez seja possível – com esforço – compreender a proposta para a natureza da decisão e a manutenção desta questionável orientação mantida pelo atual CPC[164].

Realmente, essa deformação do sistema processual deve ser debitada à influência de LIEBMAN no processo civil brasileiro, pois decorre da abismosa dimensão atribuída às condições da ação no sistema brasileiro e a ideia de *joeiramento prévio.* Ideias consagradas pelo jurista peninsular como é de amplo conhecimento da comunidade jurídica.

Qual a finalidade da jurisdição, resolver o conflito ou extinguir o processo sem solucionar o conflito? Que espécie de jurisdição promete ao cidadão a Constituição Federal? Com enfrentamento do mérito ou um pronunciamento meramente procedimental? É, pois, possível aceitar a ideia de "jurisdição procedimental"?

---

164. Apenas para registro, não se desconhece o debate que talvez possa aqui refletir sobre a natureza jurídica do ato de jurisdição voluntária. Na linha de que o ato é jurisdicional nos posicionamos, dentre outros estudos, in *Sobre o Ministério Público no processo não-criminal.* Rio de Janeiro: Aide, 1998, p. 36 e ss.

Será aceitável reduzir a magna tarefa de julgar o conflito de interesses, através da simples apuração da presença ou ausência à obediência ao procedimento ou outras disposições formulistas?

7.3 Procedimento e ideologia.

Ideologia, conforme já apontado, é a ciência da gênese das ideias[165]. É representada por um conjunto de ideias para a defesa dos valores determinantes de uma corrente de pensamento.

Assim como no processo, no procedimento também há ideologia e, portanto, o procedimento igualmente ao processo não é neutro.

Nessa linha, cumpre destacar que dentre seus vários compromissos ideológicos, marcadamente, além de organizar, está o de facilitar o acesso à prestação jurisdicional. O procedimento, por conseguinte, deve ser compreendido como método facilitador de acesso à jurisdição e não servir de razão capaz de impedir que o processo cumpra seu compromisso constitucional de resolução da lide. O procedimento, pois, não pode abrolhar dificuldades, criar caminhos espinhosos, ser contaminado por preciosismos formulistas, ser pródigo em obstáculos e complexo de tal modo que se torne ferramenta de domínio de poucos e, por decorrência, modo de violar a garantia constitucional da solução do conflito, inserida no primado do acesso à justiça judicial.

Hoje, entretanto, em muitas das vezes, se percebe claramente que a complexidade dos desdobramentos procedimentais

165. Item 4.3.

impede uma imediata eliminação do conflito. Quanto mais exigências são inseridas no procedimento, mais este se afasta de seu compromisso de contribuir com a resolução da lide. Desse modo, resta, pois, afastado de seu compromisso ideológico de facilitador – através da organização dos atos – do acesso à jurisdição, sua vocação natural.

É preciso compreender definitivamente que o procedimento é apenas meio capaz de fazer com que o processo cumpra sua função e não método que afaste a jurisdição da solução de mérito do conflito.

Assim, de todo oportuno destacar que quanto mais simplificado for o procedimento, maior eficiência terá o processo e, por decorrência, maior efetividade desfrutará a jurisdição, haja vista que a ablução dos mistérios procedimentais permitirá maior acesso à solução jurisdicional devida pelo Estado ao cidadão.

Contudo, lamentavelmente, os ventos, no momento, são contrários e sopram para o lado da crescente sofisticação (*rectius* complexização) do procedimento e, por decorrência, cada vez mais, estão a transformá-lo de simples método de busca e exercício da atividade processual, em verdadeiro obstáculo intrincado de superação, tal qual uma corrida de barreiras que em vários momentos exige um esforço adicional para superação de uma nova dificuldade.

Hoje, como está, não há dúvida, os meandros complexos do procedimento no processo civil, dificultam a realização do direito.

É preciso simplificar o procedimento, vez que a sofisticação e o formulismo inibem o acesso a real justiça jurisdicional. Essa não é a função natural do procedimento e muito menos do processo. O resgate da proposta ideológica do procedimento é, pois, antecedente lógico à eficiência da jurisdição e sobre essa realidade o atual CPC – lamentavelmente –, e de modo contraditório não atentou, vez que é pródigo em impor passos de forte inspiração racionalista como antecedentes necessários à obtenção da prestação jurisdicional anunciada pela Constituição da República. Há, pois, além da presença racionalista, clara inspiração praxista!

A mais valia procedimental decorrente da equação racionalismo/praxismo, contribui para que o Poder Judiciário, em qualquer de suas instâncias, por vezes, afaste-se da solução de mérito, em prestígio a soluções meramente procedimentais, contrariando claramente os interesses da sociedade de pacificar definitivamente os conflitos. O que, por evidente, traz consequências nefastas à instituição e, por decorrência, à sociedade, pois, na linha do cerne da ideia de MOTESQUIEU sobre as leis desnecessárias, afirmamos que as decisões procedimentais desnecessárias prejudicam as necessárias.

7.4 Técnicas procedimentais massivas e despersonalização das causas.

Não bastassem as preocupações em torno da confusa, controvertida e incestuosa convivência entre processo e procedimento no CPC, a ideia contemporânea de julgamento por atacado revela também clara tendência da algoritmização de técnicas procedimentais capazes de policiar decisões. Estas decorrem de disciplina legal, através de iniciativas, tais quais a criação do incidente de resolução de demandas repetitivas (arts. 976 e ss., do CPC) ou o permissivo para edição de súmulas vinculantes (art. 103-A, da CF). Ambas as hipóteses, embora tenham o propósito de racionalizar a prestação jurisdicional, potencialmente podem gerar o risco de "jurisdição" sem reflexão.

Isso por trazerem embutidas em si o conforto da cognição automática, verdadeiramente algorítmica, vez que, se emoldurada a causa em quadro já previamente enfrentado, a decisão de mérito – na estrutura ideológica atual – estará tomada antes mesmo de ser examinado e compreendido o novo conflito.

Quando surge nas entranhas da prestação jurisdicional a convicção de que este caso é idêntico àquele já julgado pelo incidente ou emoldura-se no enunciado tal ou qual, difícil será convencer o juízo que há particularidades que determinam detalhado exame, ou como se exige no *common law*, realização concreta de *distinguishing*.

Entretanto, no ambiente massivo, em alguma medida exposto ao descompromisso com a solução individualizada da causa, torna-se perigosa a concepção de formar precedentes para racionalizar a prestação jurisdicional, pois há risco – quer pela incompreensão, quer pela desídia – deste fazer nascer zona de conforto para a simples repetição jurisdicional sem maior reflexão. Isso por que há, na alma do *homo sapiens,* um eloquente desejo de fazer valer a solução mais fácil, por isso que o Presidente John F. Keneddy, USA, surpreendeu a todos ao externar os fundamentos sobre a decisão de colocar o homem na lua: *escolhemos este caminho não por que* é *fácil, mas por que é difícil.*

É preciso, portanto, um eficiente trabalho de conscientização cultural de que trabalhar com juízos massivos e precedentes, produtores de eficácia *ultra partes,* inclusive tal qual concebidos para o sistema brasileiro[166], enseja maior

166. Sobre o tema de precedentes no direito brasileiro, consultar com real proveito, Luiz Guilherme Marinoni, in *A ética dos precedentes.* São Paulo, RT, 2014 e *Precedentes obrigatórios.* São Paulo, Rt, 2011. Igualmente com largo proveito

compromisso com a individualização da demanda, como bem estampa a louvável iniciativa do artigo 489, do CPC, portanto é caminho difícil, pois exige que sejam identificadas as semelhanças das dessemelhanças e as dessemelhanças das semelhanças.

Se não se concretizar a compreensão da criteriosa disciplina proposta pelo artigo 489 § 1º, incisos de I a VI, do CPC, agrava-se o risco da despersonalização das demandas, as quais passam a ser ajustadas automaticamente nessas ou naquelas situações já predefinidas, circunstância que afastará o juiz da jurisdição personalizada, com a qual está constitucionalmente comprometido e, portanto, devedor ao cidadão de uma resposta individual sobre sua causa, ainda que emoldurada em quadro massivo.

Sim! O juízo deve ao cidadão, mesmo frente a precedentes e decisões coletivas, uma apreciação personalizada de sua causa e não uma resposta mecânica, automatizada, algoritmizada, pois o juízo, computador ainda não é, muito embora se projetarmos a visão para além do imediato esta hipótese já não possa mais ser descartada.

Entretanto, há nos escaninhos forenses, verdadeiro movimento de busca da algoritmização nas técnicas de julgamento. Isto, em muitas das vezes, através do rótulo do compromisso com a celeridade para a prestação jurisdicional.

Tudo, em realidade, decorre de uma preocupação com estoques e passivos jurisdicionais. Como decorrência, há exigência

---

Hermes Zaneti Jr. *O valor vinculante dos precedentes*. Salvador, Juspodivm, 2015 e Teresa Arruda Alvim Wambier (Coordenadora), in *Direito Jurisprudencial*, São Paulo, RT, 2012, dentre outros.

de produção, atendimento de metas, elaboração de estatísticas e outras providências, num misto de defesa do indefensável, burocracia e tentativa de gestão de imagem desgastada. Para tanto, cada vez mais são estruturadas linhas de montagem para a construção de decisões jurisdicionais, tal qual obras civis de tecnologia pré-moldada e para que estas sejam possíveis é necessário um prestígio ao procedimento que, por vocação, integra as linhas de montagem.

A linha de montagem jurisdicional acarreta a despersonalização da demanda e, por decorrência, uma severa desumanização do conflito de interesses, preocupação já anteriormente destacada[167], isso por que a função jurisdicional concentra esforços, através de procedimentos, no enquadramento da causa ao *standard* pré-existente e, por decorrência, ocorre distanciamento da reflexão sobre o mérito. Nessa linha, o conflito humano, em expressivas vezes, deixa de ser compreendido e é apenas "decidido".

Como está e se assim continuar, creio que em tempo não muito distante seremos convidados para o velório da verdadeira ciência do processo e o ressuscitar intenso do praxismo. É, pois, necessário abroquelar a ciência do processo!

A nossa triste e ineficiente realidade operacional para a resolução de conflitos aponta para o retorno do domínio ideológico do praxismo, porém, agora, com nova roupagem, vez que de modo eletrônico, repetitivo e massivo. Por decorrência, para a contundente despersonalização da demanda, transformando esta numa tese distante do drama humano existente

---

167. SÉRGIO GILBERTO PORTO. *A humanização do processo civil contemporâneo, em face da mais valia constitucional no projeto de um novo CPC.* In Revista Jurídica 418/41.

no debate judicial. E faz, igualmente, com que o domínio de botões e senhas seja a parte nobre da "ciência procedimental", com maior relevância pragmática, inclusive, que a Constituição Federal e sua garantia de acesso à justiça material e não a inconsequente e distante "justiça procedimental"!

Exagero?

Para provar a procedência da preocupação, basta contrapor a conduta de pressionar o botão errado no procedimento eletrônico, com a garantia constitucional de acesso à justiça judicial (art. 5º, XXXV, CF)!

No fórum, ou seja, na operação do dia a dia, qual prevalecerá?

Espanta-me ver operadores seduzidos e obnubilados pelo procedimento! Espanta-me, igualmente, ver energia e horas de ocupação em torno de temas como, p. ex., no juízo colegiado, qual a ordem de votação dos julgadores e discussões daí decorrentes. O fascínio contemporâneo pelos ritos e togas, recriou praxistas que são, em verdade, procedimentalistas, também, nesta quadra da história processual, podendo ser chamados de neoprocedimentalistas.

É preciso abluir o procedimento. Saber estabelecer uma espécie de *distinguishing* entre o procedimento útil e justificável e o mero preciosismo; entre aquilo que realmente se justifica e aquilo que é mero formulismo.

Não podemos permitir que o procedimento acapache o processo à condição de um amontoado de exigências de mera conduta.

E isso mais preocupa no procedimento eletrônico (insistente e injustificadamente chamado de processo!), pois se, de um lado, busca dar celeridade à prestação jurisdicional, de outro, cria o alto risco de afastar o juízo da atmosfera da causa. Condição essa essencial na construção de uma decisão adequada, vez que a convivência pessoal com as partes e o objeto litigioso sempre foi ferramenta eficiente na formação da convicção e que sempre esteve insculpida, ao menos no primeiro grau, no então princípio da identidade física.

Nessa toada, cumpre indagar: o que pode ser feito para não desumanizar ainda mais a apreciação das demandadas, ou seja, os julgamentos? O que pode ser feito para impedir que anos de estudo e dedicação à ciência do processo civil não sejam ignorados e reduzidos a simples superação de intrincados meandros de mera conduta?

A automação na construção da decisão jurisdicional, o crescente retorno ao praxismo – que resulta numa indesejável hiperprocedimentalização – e a desumana despersonalização das causas, especialmente via "jurisdição procedimental", a qual escandalosamente trai a promessa constitucional do propósito da função jurisdicional, nos coloca na delicada condição de vítimas do movimento de industrialização jurisdicional.

É inaceitável reduzir a ciência processual a rotinas!

Entretanto, parece ser, lamentavelmente, destino – em persistindo as convicções atuais – sem escolha!

Esse solo fértil à mecanização de condutas induzirá a mais valia da lógica do algoritmo no campo processual e, por decorrência, também a algoritmização da jurisdição. Essa é uma perspectiva real e preocupante!

Nessa linha já há, como sabido, robôs advogados em atividade, inclusive no Brasil, e são apresentados como solução revolucionária à eficiência jurídica e uma de suas capacidades destacadas é a de acompanhar rotinas (leia-se = controle dos procedimentos!).

A verdade é que, em sede de aplicação da inteligência artificial, a referência sempre trazida como exemplo é a da facilitação da atividade dos profissionais do direito e se a atividade destes se concentrar em questões procedimentais (rotinas!), sem dúvida, este caminho será eficiente.

Aceita passivamente essa realidade, o futuro é previsível.

Cyberoperadores e desumanização da jurisdição!

Cyberoperadores... esse é o destino que nos aguarda no futuro... conectados, mas distantes das partes e do mérito da causa!

Enfim, macacos de gravata!

Longe da necessária convivência subjetiva com o conflito, *conditio sine qua non* para compreendê-lo, não há como bem resolvê-lo.

A ideia de cooperação nunca foi tão importante, entretanto, mesmo antes de culturalmente se firmar, já se encontra gravemente ameaçada pela hiperprocedimentalização eletrônica.

Nesse momento, me ocorre lembrar a inesquecível ponderação de CHARLES CHAPLIN: *Não sois máquina! Homem é que sois!*

E indagar: se o novo processo civil, já contaminado pelo vírus do neopraxismo, contribuirá para as soluções adequadas dos conflitos de interesses presentes na sociedade?

7.5 A solução de mérito e o formulismo procedimental

Deve, ainda, ser relembrado – embora as considerações no sentido de que o atual excesso de procedimento acarreta um distanciamento do juízo do mérito da causa –, (1) a existência da proposta da busca preferencial de solução de mérito (art. 4º), (2) a ideia da cooperação (art. 6º) e, bem assim, (3) a tentativa de superação do nocivo e exagerado formulismo, através da disciplina dos artigos. 932, § único e 1007, § 7º, 1.029, § 3º que, em compreensão sistemática, podem e devem valer para quaisquer hipóteses.

Com efeito, os artigos 4º, 6º, 932, § único, 1007, § 7º e 1.029, § 3º, somados, estabelecem uma meta clara – ainda que em conflito com o largo conteúdo procedimental do CPC –, ou seja, devem ser realizados esforços para preponderantemente buscar solução de mérito da causa e não privilegiar o vezo inaceitável da extinção do processo com base em alegado equívoco meramente formulário.

Nessa linha, cumpre relembrar que um dos propósitos ideológicos estabelecido pelo CPC é o de oferecer oportunidade para superação de deficiências eventualmente presentes no processamento da causa na fase recursal, evitando assim a questionável "jurisdição" meramente procedimental, a qual, *maxima venia*, como já afirmado, trai a proposta de jurisdição efetiva e sinaliza desprestígio aos princípios da eficiência e economicidade, estampados nos artigos 37, *caput* e 70, *caput,* da Constituição da República.

Os dispositivos do CPC antes citados, mais do que regras, instituíram no sistema processual uma verdadeira menos valia formulária e sinalizam claramente que o direito processual criou o direito subjetivo de poder desfrutar de oportunidade de superação de eventuais vícios de procedimento, exatamente para que a decisão judiciária cumpra sua função natural de solver o conflito e pacificar a sociedade, sob pena de, se assim não for, voltarmos ao extremo formalismo e aos sentimentos de injustiça que sua utilização provoca, como, com propriedade, FÁBIO CALDAS DE ARAÚJO[168], ao invocar o *Breviarum Iuris Romani*, destaca "...dada a extrema sutileza dos antigos fundadores do Direito, chegou-se à situação de quem cometesse o menor erro perderia a causa".

O objetivo da jurisdição não é outorgar solução a partir de erros procedimentais cometidos no curso da lide, mas sim de resolver o conflito posto à apreciação e disciplinar as relações jurídicas, através de um processo justo. Por processo justo, levando em conta sua inspiração germânica, entenda-se aquele capaz de decidir a lide, respeitadas às proteções constitucionais do cidadão. Há, pois, antes de qualquer outra circunstância procedimental, um direito preferencial à solução de mérito e isso precisa ser – definitivamente – compreendido[169] pelos operadores e pela academia. Esse direito somente pode deixar de ser considerado, em prestígio às normas processuais/procedimentais, se houver vício efetivamente insuperável. Isso porque a função magna do processo civil, respaldada pela ordem constitucional, é outorgar solução de mérito à causa!

7.6 Racionalismo, precedentes e algoritmos

Vivemos um momento singular, em face do modo da prestação jurisdicional atual. Efetivamente, estamos diante de momentos de formação de precedentes e de atuação cada vez mais intensa de algoritmos. Ambos, se de um lado representam

---

168. Ob. Cit. p. 225 e nota 49.

169. Oportuno o exame das ideias de THIBAUT e WALKER, in *Il giusto processo – un'analisi psicológica dei modelli processuali.* (Título original *Procedural Jusatice By Thibaut e Walker, New Jersey, USA).* Tradução para o italiano por Angelo Dondi e Introdução de Michele Taruffo. Giuffrè, 1981.

previsibilidade de decisões (segurança jurídica) e celeridade (efetividade), de outro importam na despersonalização das causas e desumanização da jurisdição.

Realmente, como é de domínio da comunidade jurídica a introdução do sistema de formação de precedentes na ordem jurídica, através do Código de Processo Civil, como já noticiado no corpo do presente, tem gerado discussão doutrinária em torno de tal inciativa, na medida em que, por via de consequência, altera a função natural das Cortes Superiores, haja vista que essas passam a ter atuação para além da jurisdição concreta, passando a titular também a possibilidade da "jurisdição de teses", ou seja, em abstrato.

Essa realidade importa, de uma banda, em benefícios, porém, de outra, oferece riscos. São estes últimos, como antes também já apontado, exatamente a despersonalização das causas e desumanização da jurisdição, na medida em que se passa a emitir decisões sobre teses, sem levar em conta as idiossincrasias das demandas. Trata-se, pois, de uma jurisdição sem alma e sem consciência, como decorrência da busca pela uniformização massiva na aplicação do direito. Neste passo, oportuno relembrar que o direito é uma ciência de compreensão e que, portanto, deve sempre levar em conta as particularidades em que se deu o conflito posto à apreciação, vez que não é possível, no nosso modo de compreender a função da ordem jurídica, atender a proposta de jurisdição justa prometida pela Constituição da República sem ser humano.

Assim, mais uma vez, a forte influência racionalista que – nunca é demais relembrar – exige certeza racional, responde presente no direito processual civil, vez que este termina por se alinhar, também em face do novel instituto, com o comportamento de ciência exata.

Essa nova realidade chega a sociedade e, em especial, à comunidade jurídica, no momento em que também são desenvolvidos novos algoritmos a serviço da jurisdição.

O mundo que nos espera, portanto, será dominado por algoritmos e deixaremos de ser o povo dos livros para ser definitivamente o povo das telas, sob a tirania de teclados. Registre-se que algoritmos são procedimentos eletrônicos precisos, eficientes e que respeitam um padrão de comportamento. Contudo, agora, em face da chamada inteligência artificial, desfrutam de capacidade cognitiva e, por decorrência, apreendem a dominar rotinas.

Assim, num sistema predominantemente procedimentalista, o controle das rotinas (*rectius* dos ritos) pelos algoritmos será natural e, quiçá, venhamos a ter cada vez mais presente uma "jurisdição" automatizada e meramente procedimental, nos afastando da finalidade do processo que é a realização do direito constitucional e material. É a jurisdição sem sangue de um mundo sintético.

É necessário, pois, refletir com profunda seriedade sobre a governança dessa realidade, pois a soma de "jurisdição" despersonalizada (abstrata) com automação (algoritmos), poderá ter reflexos nefastos na prestação jurisdicional que, antes de tudo, deve compreender as razões do conflito e para isso é necessário consciência.

Na verdade, os fundamentos ideológicos-racionalistas que habitam a alma do processo de conhecimento, desde muito permitem que se exija do processo civil comportamento de ciência exata, na busca da certeza racional e são exemplos disso o julgamento de teses (precedentes) na busca da uniformização do direito e o exame algoritmizado dos procedimentos, em especial no juízo de admissibilidade das Cortes Superiores.

Frente essas preocupações, cumpre destacar mais uma vez a superlativa importância do artigo 489, § 1º, V, do CPC que obriga o juízo proceder detalhada análise de caso e aponte as dessemelhanças das semelhanças e as semelhanças das dessemelhanças, ou seja, deverá paragonar detalhadamente precedente e caso posto à análise, sob pena de invalidade da decisão por ausência de fundamentação.

Somente a rigorosa vigilância da análise de distinção entre casos é que poderá, quiçá, afastar o risco da mecanização da prestação jurisdicional e, por consequência, humanizar as decisões inspiradas em conduta racionalista, tais como a "jurisdição de teses", através da aplicação de precedentes.

BIBLIOGRAFIA CITADA NO TEXTO

ABREU, Rafael Sirangelo Belmonte de. Vertentes culturais do processo civil na passagem do século XIX ao século XX: as vertentes Francesa e Austríaca como marcos da passagem do Estado liberal ao Estado social e a atualidade de sua discussão. *RePro* 229/89, mar. 2014.

ALEXY, Robert. **Teoria da Argumentação Jurídica**. Tradução Zilda Hutchinson Shild Silva. São Paulo: Landy Editora, 2001.

AMARAL, Guilherme Rizzo. **Cumprimento e Execução da Sentença sob a Ótica do Formalismo-Valorativo.** Porto Alegre: Livraria do Advogado, 2008.

ARAÚJO, Fabio Caldas. **Curso de Processo Civil**: parte geral. São Paulo: Malheiros, 2016.

ASSIS, Araken de. Eficácia da Coisa julgada inconstitucional. *Revista Jurídica*. n. 301, nov/2002, 7-29.

ASSIS, Araken de. **Processo Civil Brasileiro – parte geral: fundamentos e distribuição de conflitos.** v.1. São Paulo: RT, 2015.

ÁVILA, Humberto. O que é "Devido Processo Legal"? *Revista de Processo*. São Paulo: Revista dos Tribunais, 2008, v. 163.

ÁVILA, Humberto. **Teoria dos Princípios** – da definição à aplicação dos princípios.

2. ed. São Paulo: Malheiros, 2003.

BACHOF, Otto. **Normas constitucionais inconstitucionais?** Tradução José Manoel Cardoso da Costa. Coimbra: Almedina, 1994.

BASTOS, Celso Ribeiro; MARTINS, Ives Gandra. **Comentários à Constituição do Brasil**. v. IV, t. III. São Paulo: Saraiva, 1997.

BAUR, Fritz. Conferência na Universidade de Salamanca, aula Miguel Unamuno, 1979. *La socializacion del proceso*. Publicação em 1980. Departamento de Direito Processual. Série "Conferências Acadêmicas" da Universidade de Salamanca.

BOBBIO, Norberto. **Teoria do Ordenamento Jurídico.** Brasília: UNB, 1995.

BOBBIO, Norberto; MATTEUCCI, Nicola; PASQUINO, Gianfranco. **Dicionário de Política.** Tradução João Ferreira; Carmem C. Varriale e outros. Brasília, UNB, 1986.

BRAGA, Paula Sarno. **Norma de Processo e Norma de Procedimento**: o problema da repartição de competência legislativa no direito constitucional brasileiro. Salvador: JusPodivm, 2015.

BÜLOW, Oskar Von. **La Teoría de las Excepciones Procesales y los Presupuestos Procesales**. Tradução Miguel Angel Rosas Lichtschein. Buenos Aires: EJEA, 1964.

CALMON, Petrônio. **Fundamentos da Mediação e da conciliação.** Rio de Janeiro: Forense, 2007.

CAMBI, Eduardo. Neoconstitucionalismo e Neoprocessualismo. FUX, Luiz; NERY JÚNIOR, Nelson; WAMBIER, Teresa Arruda Alvim (coord.). **Processo e Constituição. Estudos em Homenagem ao Professor José Carlos Barbosa Moreira**. São Paulo: Editora Revista dos Tribunais, 2006.

CAMBI, Eduardo. **Neoconstitucionalismo e Neoprocessualismo:** direitos fundamentais, políticas públicas e protagonismo judiciário. São Paulo: Revista dos Tribunais, 2009.

CANOTILHO, J. J. Gomes. **Direito Constitucional e Teoria da Constituição**.

4. ed. Coimbra: Almedina.

CANOTILHO, J.J. Gomes; MENDES, Gilmar Ferreira; SARLET, Ingo Wolfgang; STRECK, Lenio Luiz. (coord.). **Comentários** à **Constituição do Brasil**. São Paulo: Saraiva/Almedina, 2013.

CANOTILHO, José Joaquim Gomes. Dogmática de direitos fundamentais e direito privado. SARLET, Ingo Wolfgang (org.). **Constituição, Direitos Fundamentais e Direito Privado**. Porto Alegre: Livraria do Advogado, 2003.

CAPONI, Remo. **O princípio da proporcionalidade na justiça civil: primeiras notas sistemáticas**. Revista de Processo (RePro). RT: São Paulo, 2011

CAPPELLETTI, Mauro. Problemas de reforma do Processo Civil nas sociedades contemporâneas. MARINONI, Luiz Guilherme (org.). **O Processo Civil Contemporâneo.** Curitiba: Juruá, 1994.

CAPPELLETTI, Mauro. **Proceso, Ideologias e Sociedad**. Tradução Santiago Sentís Melendo y Tomás A. Banzhaf. Buenos Aires: EJEA, 1974.

CAPPELLETTI, Mauro; TALLON, Dennis. **Fundamental Guarantees of the Parties in Civil Litigation**. Giuffre, 1973.

Conferência no Plenário da Assembleia Legislativa do Rio Grande do Sul em 26 de novembro de 1984. *Acesso* à *Justiça*. Separata da Revista do Ministério Público do RGS, v. 18, 1985.

CARNEIRO, Athos Gusmão. **Jurisdição e competência**. São Paulo: Saraiva, 1983.

CARNELUTTI, Francesco. **Sistema de Derecho Procesal Civil**. Tradução Niceto Alcalá-Zamora y Castillo e Santiago Sentís Melendo. Buenos Aires: Uthea, 1944.

CARPES, Artur. Ônus **dinâmico da prova.** Porto Alegre: Livraria do Advogado, 2010.

CARPI, Federico. *L'Efficacia 'ultra partes'* della Sentenza Civile. Milano: Giufrrè, 1974. COELHO, Luiz Fernando. **Teoria Crítica do Direito**. Curitiba: HDV, 1986. CRUZ E TUCCI, José Rogério. **Tempo e Processo**. São Paulo: RT, 1997.

CRUZ E TUCCI, José Rogério; AZEVEDO, Luiz Carlos de. **Lições de História do Processo Civil Romano.** São Paulo: RT, 1996.

DALL'AGNOL JUNIOR, Antonio Janyr. **Distribuição dinâmica dos** ônus **probatórios**. *Revista Jurídica*. Porto Alegre: Nota Dez, 2809/11, 2001.

DANTAS, Ivo. Da coisa julgada inconstitucional. *Interesse Público*. n. 27, 2004, p. 60-71.

DELGADO, José Augusto. **Pontos Polêmicos das Ações de Indenização de** Áreas **Naturais Protegidas**. *RePro* 103/9.

DENTI, Vittorio. **Un projetto per la giustizia civile**. Bologna: Il Mulino, 1982. DESCARTES. Rene. **Discurso do método.** São Paulo: Nova Cultural, 1996.

DIDIER JR., Fredie. **Curso de Direito Processual Civil**. v. 1. 12. ed. Salvador: JusPodivm, 2010.

DINAMARCO, Cândido Rangel. **A instrumentalidade do processo**. São Paulo: RT, 1987.

DINAMARCO, Cândido Rangel. Relativizar a Coisa Julgada Material. *Ajuris*. n. 83/33.

DWORKIN, Ronald. **Uma questão de princípio**. Tradução Luís Carlos Borges. São Paulo: Martins Fontes, 2001.

ELIO FAZZALARI. **Istituzioni di Diritto Processuale**. 8. ed. Padova: Cedam, 1996. FERNANDEZ, Alberto Vicente. **Funcion Creadora del Juez**. Buenos Aires: Abeledo-Perrot, 1980.

FLACH, Daisson. **A verossimilhança no processo civil e sua aplicação prática.** São Paulo: RT, 2009.

FOUCAULT, Michel. **Arqueologia do saber**. Tradução Luiz Felipe Baeta Neves. Rio de Janeiro: Forense-Universitária, 1986.

GALENO LACERDA. *O novo Direito Processual civil e os feitos pendentes*. Edição histórica. Rio de Janeiro: Forense, 2006.

HAHARY, Youval Nohal. **Homo Deus**: uma breve história do amanhã. Tradução Paulo Geiger. São Paulo: Companhia das Letras, 2016.

HAHARY, Youval Nohal. **Sapiens – Uma breve história da humanidade.** Tradução Janaína Marcantonio. 9. ed. Porto Alegre: L&PM, 2016.

HESSE, Konrad. **A Força Normativa da Constituição.** Tradução Gilmar Ferreira Mendes. Porto Alegre: Sérgio Antonio Fabris Editor, 1991.

JOBIM, Marco Félix. **Cultura, Escolas e Fases Metodológicas do Processo.** Porto Alegre: Livraria do Advogado, 2011.

JOBIM, Marco Félix. **Cultura, Escolas e Fases Metodológicas do Processo.** 3. ed. Porto Alegre: Livraria do Advogado, 2016.

KELLY, Kevin. **Inevitável: as 12 forças tecnológicas que mudarão nosso mundo** (tradução de Cristina Yamagami)., São Paulo: HSM, 2017.

KELSEN, Hans. **Teoria Pura do Direito**. Tradução João Baptista Machado.
Coimbra: Armênio Amado Editor, 1979.

KIRCHMAN, Julius Hermann Von. **Il valore scientifico della giurisprudenza.**
Milão, Giuffre, 1964.

LASPRO, Oreste Nestor de Souza. Duplo Grau de Jurisdição no Direito Processual Civil: Garantia do Tratamento Paritário das Partes. CRUZ E TUCCI, José Rogério (coord.). **Garantias Constitucionais do Processo Civil.** São Paulo: Revista dos Tribunais, 1999.

LIEBMAN, Enrico Tullio. **Do Arbítrio à Razão. Reflexões sobre a motivação das sentenças**. *Rev. de Processo*, 29/79.

LIEBMAN. Enrico Tullio. **Manual de Derecho Procesal Civil.** Tradução Santiago Sentis Melendo. Buenos Aires: EJEA, 1980.

LLOYD, Dennis. **A ideia de lei.** São Paulo: Martins Fontes, 1985.

LUCON. Paulo Henrique dos Santos. **Garantias constitucionais do processo civil.** São Paulo, RT, 1999.

MACEDO, Elaine Harzheim; MACEDO, Fernanda. **O Direito Processual civil e a pós-modernidade.** Disponível em: <*www.professoralaine.com.br*>.

MARINONI, Luiz Guilherme. **A ética dos precedentes**. São Paulo: RT, 2014.

MARINONI, Luiz Guilherme. **Julgamento nas Cortes Supremas – Precedente e decisão do recurso**. São Paulo: RT, 2015.

MARINONI, Luiz Guilherme. O princípio da segurança dos atos jurisdicionais (a questão da relativização da coisa julgada material). *Revista Jurídica.* n. 317, mar. 2004, p. 14-33.

MARINONI, Luiz Guilherme. **Precedentes Obrigatórios**. São Paulo: RT, 2011.
MARINONI, Luiz Guilherme. **Técnica Processual e Tutela dos Direitos**. São
Paulo: RT, 2004.

MARINONI, Luiz Guilherme. **Tutela Antecipatória, Julgamento Antecipado e Execução Imediata da Sentença.** São Paulo: Revista dos Tribunais, 1997.

MARINONI, Luiz Guilherme; ARENHART, Sérgio Cruz; MITIDIERO, Daniel.
Novo Código de Processo Civil Comentado. 3. ed. São Paulo: RT, 2017.

MIRANDA, Sérgio. **A herança maldita de Fernando Henrique: análise crítica sobre a política socioeconômica do governo Fernando Henrique Cardoso.** Câmara dos Deputados, Centro de Documentação e Informação, Coordenação de Publicação. 2003.

MIRANDA, Pontes de. **Comentários ao Código de Processo Civil.** Tomo XIII. Rio de Janeiro: Forense, 1977.

MITIDIERO. Daniel. **Colaboração no processo civil**: pressupostos sociais, lógicos e éticos. São Paulo: RT, 2009.

MONTESQUIEU. **O espírito das leis**. Tradução Fernando Henrique Cardoso e Leoncio Martins Rodrigues. Brasília: UNB, 1982.

MORAES, Paulo Valério Dal Pai; MORAES, Márcia Amaral Corrêa de. **A negociação** ética **para agentes públicos e advogados:** mediação, conciliação, arbitragem, princípios, técnicas, fases, estilos e ética da negociação. Belo Horizonte: Fórum, 2012.

MOREIRA, José Carlos Barbosa. Considerações sobre a chamada 'relativização' da coisa julgada material. *Revista Síntese de Direito Civil e Direito Processual Civil.* n. 33, jan/fev 2005, p. 5-28.

NERY JUNIOR, Nelson. **Princípios do Processo Civil na Constituição Federal.**

São Paulo: RT, 2013.

NERY JUNIOR, Nelson. **Princípios do Processo na Constituição Federal**. 11. ed. São Paulo: RT, 2013.

NERY JUNIOR, Nelson. **Princípios do Processo na Constituição Federal**. 12. ed. São Paulo: RT, 2016.

NERY JUNIOR, Nelson; NERY, Rosa Maria Andrade. **Constituição Federal Comentada e Legislação Constitucional.** 2. ed. São Paulo: RT, 2009.

NERY JÚNIOR, Nelson; NERY, Rosa Maria de Andrade. **Comentários ao Código de Processo Civil**. São Paulo: RT, 2015.

OLIVEIRA, Carlos Alberto Alvaro de. **Do Formalismo no Processo Civil** – Proposta de um Formalismo-Valorativo. 4. ed. São Paulo: Saraiva, 2010.

PONTES DE MIRANDA, Francisco Cavalcanti. **Tratado das ações.** RT, São Paulo, 1970.

PORTO, Sérgio Gilberto. A humanização do processo civil contemporâneo, em face da mais valia constitucional no projeto de um novo CPC. *Revista Jurídica.* 418/41.

______. **Ação Rescisória Atípica**: Instrumento de defesa da ordem jurídica. São Paulo: RT, 2009.

______. Apontamentos sobre duas relevantes inovações no projeto de um novo CPC.*Revista Jurídica.* 401/49, 2011.

______. *As liminares* inaudita altera parte *e a garantia constitucional-processual do contraditório. Tutelas de Urgência e Cautelares.* Estudos em homenagem a Ovídio A. Baptista da Silva. São Paulo: Saraiva, 2010

______. Cidadania Processual e Relativização Coisa Julgada. *Revista Síntese de Direito Civil e Direito Processual Civil.* n. 22, mar/abr 2003, p. 5-13.

______. **Cidadania Processual: Processo Constitucional e o Novo Processo Civil.** Porto Alegre: Livraria do Advogado Editora, 2016.

______; e PORTO, Guilherme Athayde. **Lições Sobre Teorias do Processo – Civil e Constitucional**. Porto Alegre: Livraria do Advogado Editora, 2013.

______; e USTÁRROZ, Daniel. **Lições de Direitos Fundamentais no Processo Civil** (O conteúdo processual da Constituição Federal). Porto Alegre: Livraria do Advogado Editora, 2009.

REALE, Miguel. **Filosofia do Direito.** 7. ed. São Paulo: Saraiva, 1975. SARLET, Ingo Wolfang; MARINONI, Luiz Guilherme; MITIDIERO, Daniel.

Curso de Direito Constitucional. São Paulo: RT, 2012.

SARLET, Ingo Wolfgang. **Eficácia dos Direitos Fundamentais**. Porto Alegre: Livraria do Advogado, 1998.

STRECK. Lênio Luiz. CONJUR. Senso Incomum. Precedentes? Decisão de 4 linhas do STF contém três violações ao CPC. 10.11.2016.

SAVIGNY, M.F.C. de. **Sistema del Derecho Romano Actual**. Tradução GUENOUX, M. CH.; MESÍA, Jacinto; POLEY, Manuel. Tomo 1. Madrid: F. Góngora y Compañia Editores, 1878.

SCHOLLER, Heinrich. O princípio da proporcionalidade no Direito Constitucional e administrativo da Alemanha. Tradução Ingo Wolfgang Sarlet. *Interesse Público.* n. 2/93.

SILVA, Ovídio Araújo Baptista da. **Curso de Processo Civil**. v. 1. São Paulo: RT, 2000.

______. **Curso de Processo Civil**: processo cautelar (tutela de urgência). v. 3. 3. ed. São Paulo: RT, 2000.

______. **Processo e Ideologia**: o paradigma racionalista. Rio de Janeiro: Forense, 2004.

______. **Coisa Julgada Relativa?** *Revista Jurídica.* n. 316, fev. 2004, p. 7-18.

______; et GOMES, Fábio Luiz. **Teoria Geral do Processo Civil**. São Paulo, RT, 1997.

SIQUEIRA CASTRO, Carlos Roberto de. **O devido processo legal e a razoabilidade das leis na nova Constituição do Brasil.** Rio de Janeiro: Forense, 1989.

SOUZA, José Guilherme de. **A criação judicial do Direito.** Porto Alegre: SAFE, 1991.

SPOTA, Alberto G.. **O juiz, o advogado e a formação do direito através da jurisprudência.** Tradução Jorge Trindade. Porto Alegre: SAFE, 1985.

TARUFFO, Michele. **A motivação da Sentença Civil**. São Paulo: Marcial Pons, 2015. TESHEINER, José Maria Rosa. **Elementos para uma teoria geral do processo**. São Paulo: Saraiva, 1993.

TESHEINER, José Maria Rosa. **Relativização da Coisa Julgada**. *Revista do Ministério Público.* n. 47, 2002, p. 104-114.

THEODORO JUNIOR, Humberto. **A reforma do Processo de Execução e o Problema da coisa julgada inconstitucional**. *Revista Síntese de Direito Civil e Direito Processual Civil.* n. 29, mai/jun 2004, p. 5-27.

_____; FARIA, Juliana Cordeiro de. **A coisa julgada inconstitucional e os instrumentos processuais para seu controle**. *Revista do Ministério Público*. n. 47, p. 115-147.

THIBAUT e WALKER, in *Il giusto processo – un'analisi psicológica dei modelli processuali.* (Título original *Procedural Justice by Thibaut e Walker,* New Jersey, USA). Tradução para o italiano por Angelo Dondi e Introdução de Michele Taruffo. Giuffrè, 1981.

TOFFLER, Alvin. **A terceira Onda**. Tradução João Távora. 2. ed. Rio de Janeiro, Record, 1980. TORRES, Artur. *O CPC passado a limpo: parte geral, procedimento comum e cumprimento de sentença.* Vol. I. Porto Alegre: Livraria do Advogado, 2018.

URY, William; FISCHER, Roger; PATTON, Bruce. **Como chegar ao sim**! A negociação de acordos sem concessões. 3. ed. Rio de Janeiro: Imago, 2014.

WAMBIER, Luiz Rodrigues; TALAMINI, Eduardo. **Curso Avançado de Processo Civil: Teoria Geral do Processo.** v.1. 16. ed. São Paulo: Editora Revista dos Tribunais, 2016.

WAMBIER, Teresa Arruda Alvim (coord). **Direito Jurisprudencial**. São Paulo: RT, 2012.

WAMBIER, Teresa Arruda Alvim; MEDINA, José Miguel Garcia. **O Dogma da Coisa Julgada. Hipóteses de Relativização**. São Paulo: RT, 2003.

WINDSCHEID, Bernhard; MUTHER, Theodor. **A Polêmica sobre la Actio**.

Tradução Tomás A. Banzhaf. Buenos Aires: EJEA, 1974.

ZAMPROGNO, Alexandre. **Meios processuais para desconstituir a coisa julgada inconstitucional**. *Interesse Público.* n. 95-100.

ZANETI JÚNIOR, Hermes. **O valor vinculante dos precedentes**. Salvador, JusPodivm, 2015.

EDITORA
*Jus*PODIVM
www.editorajuspodivm.com.br